国外技术性贸易措施 对中国重点产品出口影响 研究报告（2020）

中华人民共和国 WTO/TBT 国家通报咨询中心
中华人民共和国 WTO/SPS 国家通报咨询中心　编著

中国商务出版社
CHINA COMMERCE AND TRADE PRESS

北　京

图书在版编目（CIP）数据

国外技术性贸易措施对中国重点产品出口影响研究报告.2020 / 中华人民共和国WTO/TBT国家通报咨询中心，中华人民共和国WTO/SPS国家通报咨询中心编著. -- 北京：中国商务出版社，2020.12

ISBN 978-7-5103-3549-5

Ⅰ.①国… Ⅱ.①中… ②中… Ⅲ.①国外—技术贸易—对外贸易政策—影响—产品出口—研究报告—中国—2020 Ⅳ.① F752.62

中国版本图书馆CIP数据核字(2020)第183661号

国外技术性贸易措施对中国重点产品出口影响研究报告（2020）

中华人民共和国WTO/TBT国家通报咨询中心　中华人民共和国WTO/SPS国家通报咨询中心　编著

出　　版：中国商务出版社有限公司

地　　址：北京市东城区安定门外大街东后巷28号　　　　邮编：100710

责任部门：数字出版部

责任编辑：薛庆林

总 发 行：中国商务出版社发行部（010-64266193　64515150）

网　　址：http://www.cctpress.com

邮　　箱：cctp@cctpress.com

排　　版：李海伟

印　　刷：北京永诚印刷有限公司

开　　本：880毫米×1230毫米　　　　1/16

印　　张：7.25　　　　　　字　　数：184千字

版　　次：2020年12月第1版　　　印　　次：2020年12月第1次印刷

书　　号：ISBN 978-7-5103-3549-5

定　　价：98.00元

编委会

目录

第一篇
国外技术性贸易措施
对中国木制品出口影响研究报告（2020）

第二篇

国外技术性贸易措施
对中国信息通讯产品出口影响研究报告（2020）

第三篇

欧盟技术性贸易措施
对中国农食产品出口影响研究报告（2020)

第一篇

国外技术性贸易措施对中国木制品出口影响研究报告（2020）

　　木制品作为我国出口的主要商品之一，近年来进出口贸易量不断增大，出口目的地包括美国、欧盟等100多个国家和地区，出口总量居世界首位，受到国际社会的广泛关注。随着经济全球化逐步深入，贸易透明度不断提高，各国政府为了保护本土企业，阻止别国产品对其市场的冲击，采取较为隐蔽的限制措施，即以标准、技术法规、合格评定程序以及动植物检疫卫生和产品安全措施为主要表现形式的技术性贸易措施。各进口国技术性贸易措施的实施给我国出口木制品带来不利影响，表现为出口成本增加、出口市场变化、出口产品遭遇扣留或召回等，不仅造成经济损失，也严重损害了中国出口企业的信誉和国家形象。因此，分析各国技术性贸易措施的实施动向，有助于提高政府和企业应对木制品技术性贸易措施的针对性和有效性，保证中国在激烈的国际竞争中立于不败之地，争取更为广阔的国际市场。

　　为充分了解国外技术性贸易措施对我国木制品出口的影响情况，帮助出口木制品企业更好地应对国外技术性贸易措施，海关总署在全国范围内组织了2019年国外技术性贸易措施对我国木制品出口影响的专项调查。专项调查采取问卷调查形式，在全国相关木制品出口企业中随机抽取样本企业200家，调查共收到有效问卷200份，回收率达100%。经过对调查结果的统计分析，2019年37.67%的木制品出口企业遭受到了国外技术性贸易措施的影响。木制品出口行业因国外技术性贸易措施而造成的直接损失额为18.14亿元人民币，新增成本为4.29亿元人民币。

第一章 出口木制品行业发展概况

一、我国出口木制品基本情况

我国是木制品生产和出口大国，据国家统计局数据，目前我国木制品出口目的地已涵盖100多个国家和地区，年出口额近200亿美元，出口量稳居世界第1位。主导产品主要包括人造板、木制家具、木地板等。

近年来，各方因素对我国木制品加工产业造成不利影响，主要表现为：1.市场需求萎缩，企业竞争加剧，出口形势严峻。国际木材加工产品市场萎缩、一些发达国家设置各种经济壁垒持续对我国木材加工产品贸易进行打压、欧元及许多国家的货币不断贬值、英国"脱欧"及其对欧洲市场的影响等一系列因素造成我国木制品市场需求萎缩，国内企业竞争加剧，对我国木制品出口形势产生不利影响。2.投资转移境外，生产线外迁，产能受损。越南等国对木材加工业采取各种优惠的政策吸引我国木材加工企业境外投资。据了解，越南出台了包括免征设备和原料的进口税、所得税只征20%等特别优惠的政策，吸引了我国许多木材加工企业将工厂迁移到越南，仅越南西宁省的中工业区就有木材加工企业近40家。部分企业甚至已全厂迁移到越南，如广州康达木业。

二、2019年我国木制品出口贸易形势

2019年是机遇与挑战并存的一年，我国木制品出口金额199.94亿美元，进口木材与出口木制品数量双双萎缩。受出口量减少、国内房地产行业发展放缓的影响，木制家具产量下降，木材、人造板等原料使用量减少，同时，受我国对美国进口阔叶木材关税征收影响，木材、人造板进口量大幅减少；受美国关税、双反调查影响，越南等东南亚市场迅速崛起，低价抢占市场，国际市场竞争激烈，木制家具、

人造板出口迅速降量。

（一）木制家具出口情况

我国木制家具最主要的出口市场是美国，市场占比达 35%。近几年以来，受美国关税、双反调查影响，越南等东南亚国家迅速崛起，出口的木制品低价抢占美国市场，致使我国出口美国的木制家具数量和金额连年下降。同时越南政府出台多项鼓励措施，我国部分出口企业已转产越南。2019 年木制家具出口数量共完成 24150.91 万件，比上年下降 10.44%，其中，美国完成 8180.39 万件，比上年下降 10.02%，占我国木制家具出口数量的 33.87%；木制家具出口金额共完成 65.93 亿美元，比上年下降 13.95%，其中，美国完成 21.33 亿美元，比上年下降 33.69%，占木制家具出口金额的 32.35%。

（二）人造板出口

1. 胶合板出口

2019 年我国胶合板出口完成 1005.5 万立方米，比上年下降 11.33%。美国是世界上人造板进口量最大的国家，近年来，受美国强制提高甲醛释放量标准及中美贸易战影响，我国对美出口降幅巨大，2019 年，对美出口 30 亿美元，同比下降 41.6%，仅占总出口额的 22%，连年下降，已使美国从我国第一胶合板出口大国退到第五出口国位置，被菲律宾、越南、日本、阿联酋等 4 国超越。

2. 中高密度纤维板出口

2019 年我国中、高密度纤维板出口量完成 233.69 万立方米，比上年下降 8.34%。列纤维板出口前五位的国家是：尼日利亚、美国、越南、加拿大和阿联酋。出口下降主因是：强化木地板被美国认定为"有毒地板"，中高密度纤维板和强化木地板的国际市场受到严重影响。

3. 刨花板出口

2019 年我国刨花板出口量完成 31.64 万立方米，比上年下降 4.36%。列前五名国家和地区：蒙古、中国台湾、阿联酋、韩国和沙特阿拉伯。

第二章 木制品遭遇的技术性贸易措施影响调查分析

一、出口贸易损失分析

（一）贸易损失形式分析

丧失订单是贸易损失的最主要形式，进口方往往以中国企业出口木制品不能满足其特定的技术要求为由取消订单，或对货物进行扣留、销毁、退回、口岸处理、改变用途、降级等处理，使木制品企业遭受经济损失。200 家受访企业中选填丧失订单的数量为 91 个，在全部 175 个损失形式选填数中占比 49%，其次是其他、改变用途、降级处理，占比分别为 27%、6% 和 5%。其中，出口木制品遭受损失的目的国家或地区较为集中，美国占比 40%，欧盟占比 21%，日韩占比 8%。这三类进口方占比总计为 69%，其他占比 31%（表 1-1，图 1-1）。

表 1-1　在不同国家或地区时遭受损失的主要形式　　单位：个

到岸地	损失形式								
	丧失订单	扣留货物	销毁货物	退回货物	口岸处理	改变用途	降级处理	其他	合计
美国	43	1	2	1	2	6	2	18	75
欧盟	25	0	0	1	1	1	1	10	39
日韩	8	0	0	1	0	1	2	2	14
其他	15	4	4	3	4	3	4	20	57
总计	91	5	6	6	7	11	9	50	185

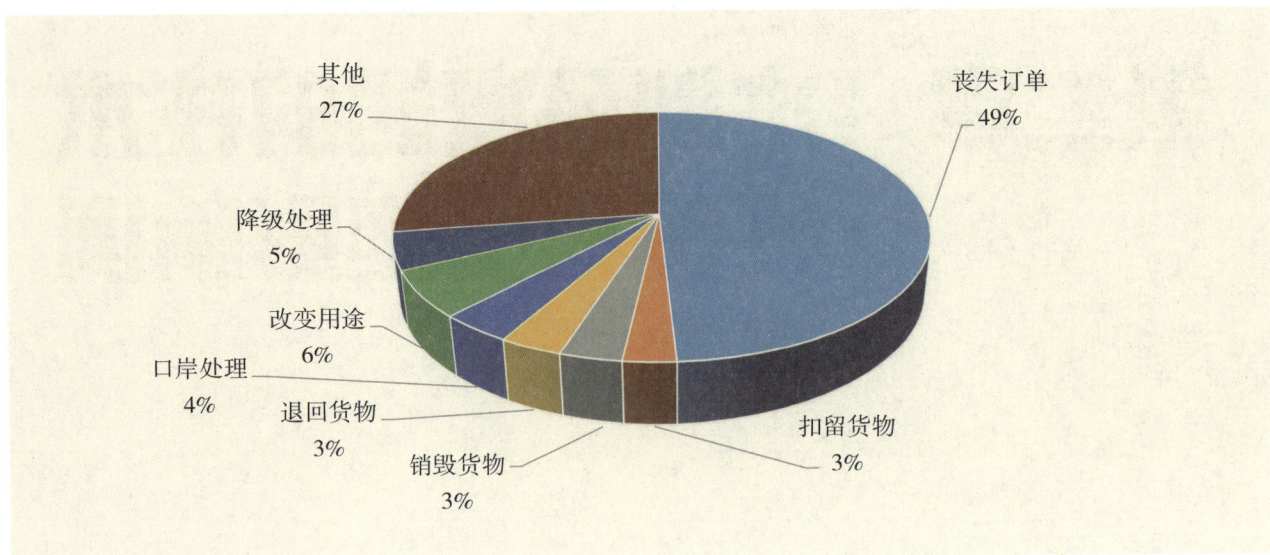

图 1-1　在不同国家或地区时遭受损失的主要形式分析图

（二）企业直接损失分析

受技术性贸易措施冲击，此次问卷调查范围内企业直接损失共计 2.32 亿元，国内木制品出口行业直接损失额估算为 18.14 亿元。在对出口企业规模受国外技术性贸易措施分析发现，受产品质量、出口国家等因素影响，大型企业的直接损失额占比 96.65%，损失远大于小型企业（表 1-2，图 1-2）。对比损失形式来看，大型企业的损失主要集中在丧失订单，小型企业损失主要集中在退回货物。本报告中的直接损失是指由于丧失订单，以及货物被国外主管机构扣留、销毁、拒绝进口（退货）、额外处理或降级等而造成的直接经济损失。

表 1-2　不同规模企业遭受国外技术性贸易措施损失额　　　　　　单位：万元

规模	损失形式				
	丧失订单	退回货物	改变用途	其他	总计
大型企业	10178	20	7138	5075	22411
小型企业	528.5	146	0	102.4	776.9
总计	10706.5	166	7138	5177.4	23187.9

（三）企业新增成本分析

受技术性贸易措施冲击，此次问卷调查范围内企业，新增成本共计 5049.77 万元，国内木制品出口行业新增成本估算为 4.29 亿元。其中不同规模的企业应对措施态度略有不同，大型企业更加积极，在检验、认证、升级改造等方面的投入更大。据统计，大型企业应对技术性贸易措施影响的新增成本 4756.87 万元，占比 94.20%，远远超过小型企业的新增成本额。同时，不同规模企业新增成本分配比例略有不同，大型企业新增检验成本占比最大，为 69.85%；小型企业新增升级改造占比较大，比重为

40.97%（表1-3，图1-3）。本报告中"新增成本"是指企业为适应国外技术性贸易措施而在采购生产、出口处理及进口通关等环节上产生的成本，包括技术改造、包装及标签更换、认证（含迎检过程中发生的各项费用）、检验、检疫以及相关手续费等。

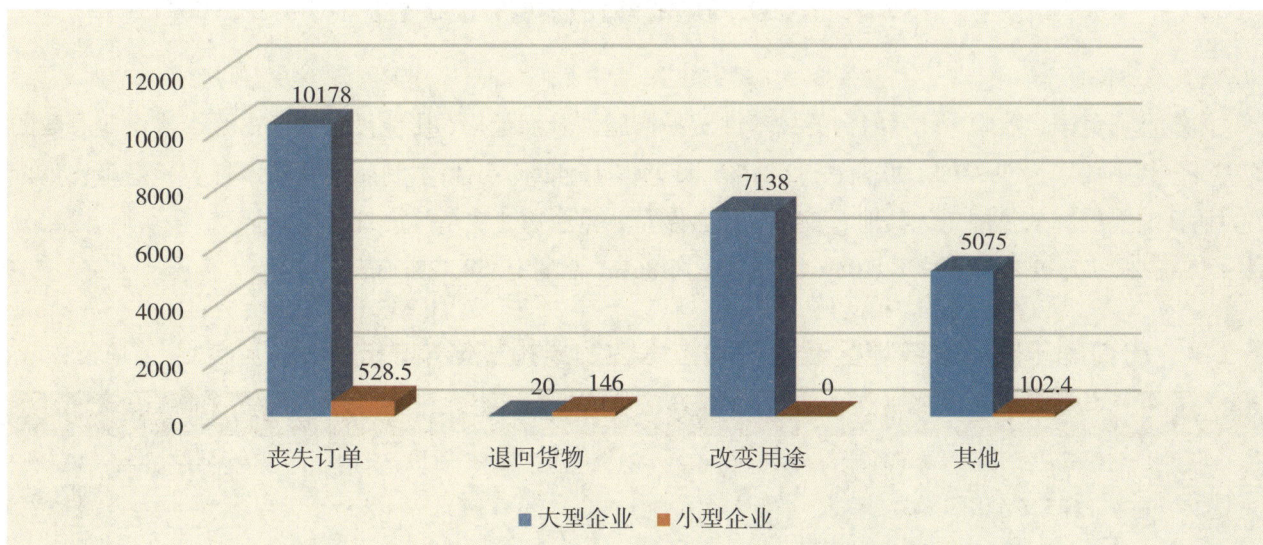

图 1-2　不同规模企业遭受国外技术性贸易措施损失分析图

表 1-3　不同规模企业新增成本额　　　　　　　　　　　　　单位：万元

规模	新增原因				
	检验	其他	认证	升级改造	总计
大型企业	3322.87	392.5	637.5	404	4756.87
小型企业	90	57.9	25	120	292.9
总计	3412.87	450.4	662.5	524	5049.77

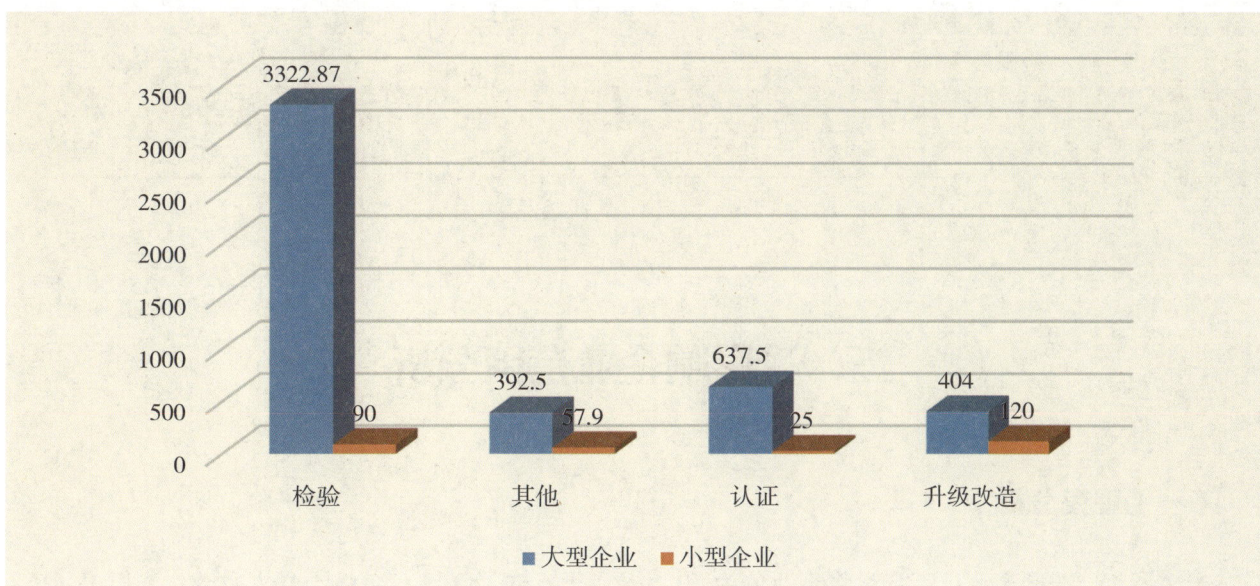

图 1-3　不同规模企业新增成本分析图

二、企业遭受措施情况分析

据统计，美国、欧盟、日韩出台的技术性贸易措施涉及面最广，影响度最高，占受影响企业总数的88.93%，其中美国占39.97%，欧盟占32.84%，日韩占16.42%。出口木制品遭受技术性贸易措施比重依次为认证、甲醛释放量限量、其他、植物病虫害杂草、重金属、皮革（海绵）防火阻燃等六项，占比分别为15.07%、12.38%、9.29%、8.08%、7.13%、6.86%，合计达58.82%（表1-4）。

表1-4　出口到不同国家或地区遭遇不同技术性贸易措施影响的企业数　　单位：个

技术性贸易措施的种类	美国	欧盟	日本	其他	合计
加工厂、仓库等加工储存设施的注册备案要求	21	9	6	4	40
布料（印染）禁用偶氮染料要求	16	13	5	3	37
皮革（海绵）防火阻燃要求	25	18	6	2	51
认证要求	44	45	11	12	112
规格外型的要求	17	10	10	3	40
其他（请说明）	21	11	10	27	69
植物病虫害、杂草方面的要求	22	15	11	12	60
挥发性有机物（VOC）限量要求	15	11	7	3	36
苯、甲苯和二甲苯要求	17	18	8	2	45
可溶性铅、镉、汞等重金属要求	20	23	8	2	53
游离甲苯二异氰酸酯（TDI）限量要求	14	16	10	2	42
甲醛释放量限量要求	38	33	17	4	92
砷限量要求	13	10	6	2	31
五氯苯酚要求	14	12	7	2	35
合计	297	244	122	80	743

三、受影响企业范围分析

（一）规模分析

本次调查，按照企业员工数量将企业分为50人及以下、50~200人、200~500人及500人以上4类，表1-5中列出了不同人数规模企业遭受国外技术性贸易措施的情况，受国外技术型贸易措施影响的比例分别为 25.6%、39.4%、42.9% 和 43.8%（图 1-4）。按企业出口额，将企业分为低于 50 万元、50~500 万元、500~20000 万元和超过 20000 万元 4 类，受国外技术型贸易措施影响的比例分别为 18.2%、14.3%、38.9% 和 41.5%（表 1-6，图 1-5）。

数据对比发现，规模企业受技术性贸易措施影响比例相对较高，原因有两个方面，一是销售市场多以欧美等发达国家为主，遭遇技术性贸易措施的比例略高；二是产品多为自营出口，会在第一时间感受到国外技术性贸易措施冲击，小企业多为贸易公司供货出口，有一定的缓冲区间。

表 1-5　人数规模分析　　　　　　　　　　　　　　　　　　　　　　　　　　　　　单位：个

类型	受影响	不受影响	总计
500 人及以上	7	9	16
200-500 人	12	16	28
50-200 人	26	40	66
50 人及以下	23	67	90
总计	68	132	200

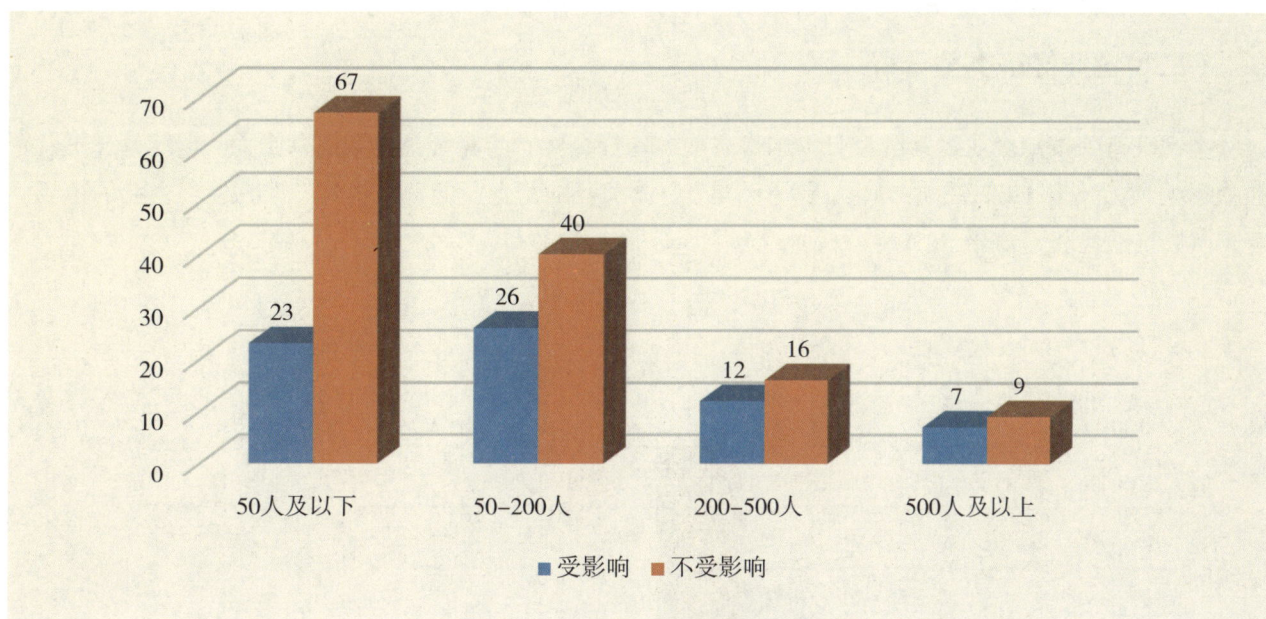

图 1-4　人数规模分析图（单位：个）

表 1-6　营收规模分析　　　　　　　　　　　　　　　　　　　　　　　　　　　　　单位：个

类型	受影响	不受影响	总计
超过 20000 万元	17	24	41
500 万（含）-20000 万元	44	69	113
50 万（含）-500 万元	5	30	35
低于 50 万	2	9	11
总计	68	132	200

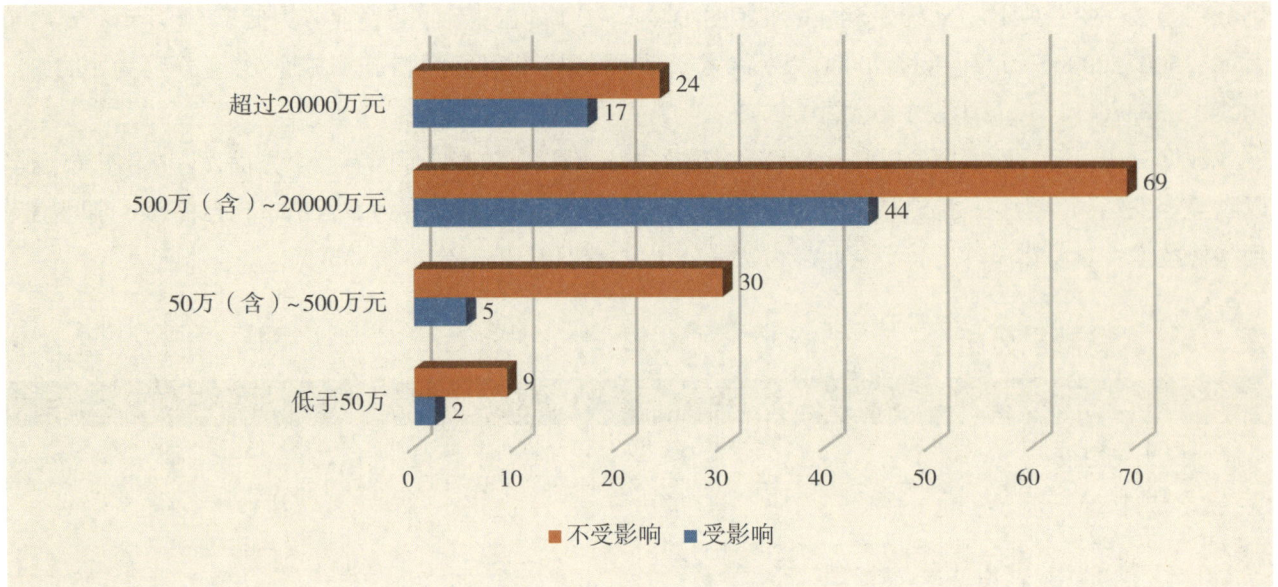

图 1-5 营收规模分析图 单位 个

（二）企业经济类型分析

本次调查，按照企业经济类型分为国有企业、外资企业、港澳台企业和民营企业，据统计，民营企业受影响最大（表 1-7，图 1-6），主要原因是：企业没有国营企业的资金优势、没有外资企业的市场优势，市场抗逆性相对薄弱。

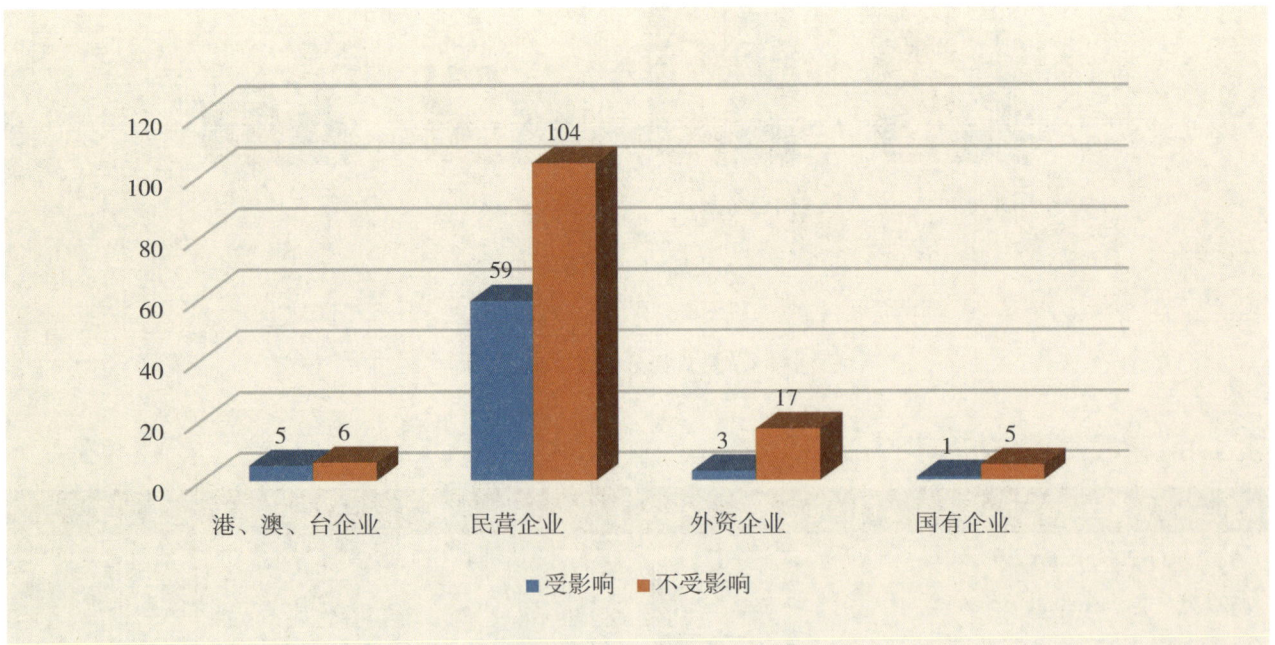

图 1-6 经济类型分析图 单位：个

表 1-7 经济类型分析　　　　　　　　　　　　　　　　　　　　　　　　　　　单位：个

类型	受影响	不受影响	总计
港、澳、台企业	5	6	11
民营企业	59	104	163
外资企业	3	17	20
国有企业	1	5	6
总计	68	132	200

（三）企业产品种类分析

此次调查产品涵盖有橱柜、胶合板、地板、木制家具和其他类五大类产品，受国外技术型贸易措施影响的比例分别为57.1%、28.6%、26.7%、32.1%和36.3%（表1-8，图1-7）。通过表中数据可以看出，橱柜影响最大。

表 1-8　企业不同产品种类企业受技术性贸易措施影响情况　　　　　　　　　　单位：个

类型	受影响	不受影响	总样本数
橱柜	4	3	7
胶合板类	4	10	14
木线条、地板	4	11	15
木制家具	27	57	84
其他	29	51	80

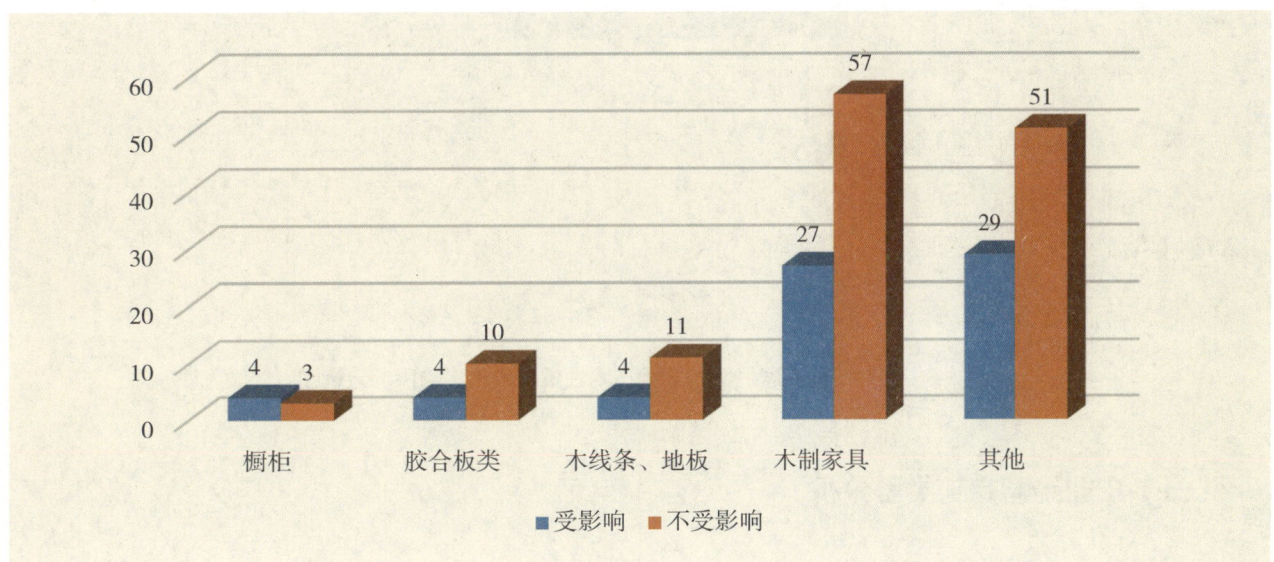

图 1-7　企业不同产品种类企业受技术性贸易措施影响情况分析图

（四）企业品牌经营方式分析

本次调查，按照品牌经营方式，将企业分为自主品、贴牌与自主品牌兼有、贴牌（OEM/ODM）加工及其他4类，据统计，贴牌生产的企业遇到技术性贸易措施问题较多（表1-9，图1-8），主要是因为目前贴牌生产产品要求主要根据贸易合同和进口商要求制定，由于国外进口商对本国法规研究不深入，企业盲目相信客户的信息造成。

表 1-9 企业不同品牌经营方式受技术性贸易措施影响情况　　　　　单位：个

类型	受影响	不受影响	总计
贴牌（OEM/ODM）加工企业	25	43	68
贴牌与自主品牌兼有企业	27	27	54
自主品牌企业	6	25	31
其他（请注明）	10	37	47
总计	68	132	200

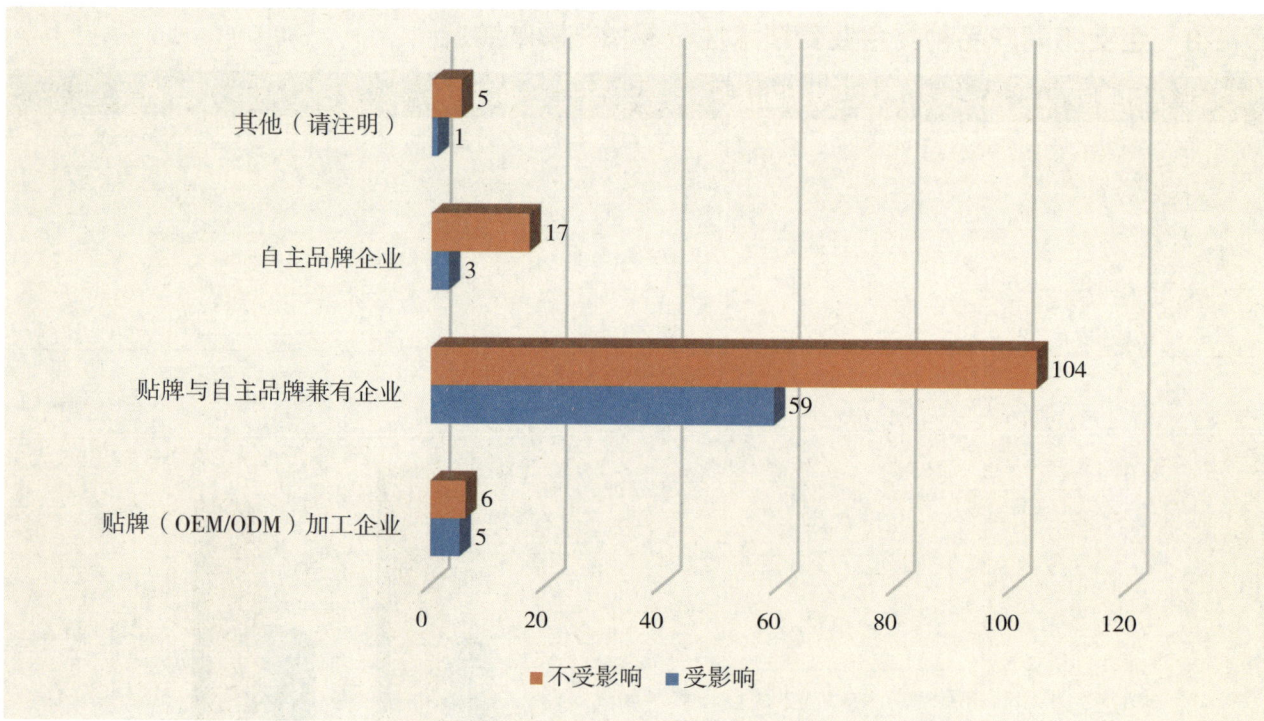

图 1-8　企业不同品牌经营方式受技术性贸易措施影响情况分析图

（五）企业经营方式类型分析

所有受访企业流通贸易型企业72家，受影响企业20家，受影响比例为27.8%；生产加工企业124家，受影响企业48家，受影响比例为38.7%；其他企业4家，受影响企业0家，未受影响（表1-10，图1-9）。

表 1-10　不同类型企业受技术性贸易措施影响情况　　　　　　　　　单位：个

类型	受影响	不受影响	总样本数
生产 / 加工 / 制造型企业（含自营企业）	48	76	124
流通贸易型企业	20	52	72
其他（请注明）	0	4	4
总计	68	132	200

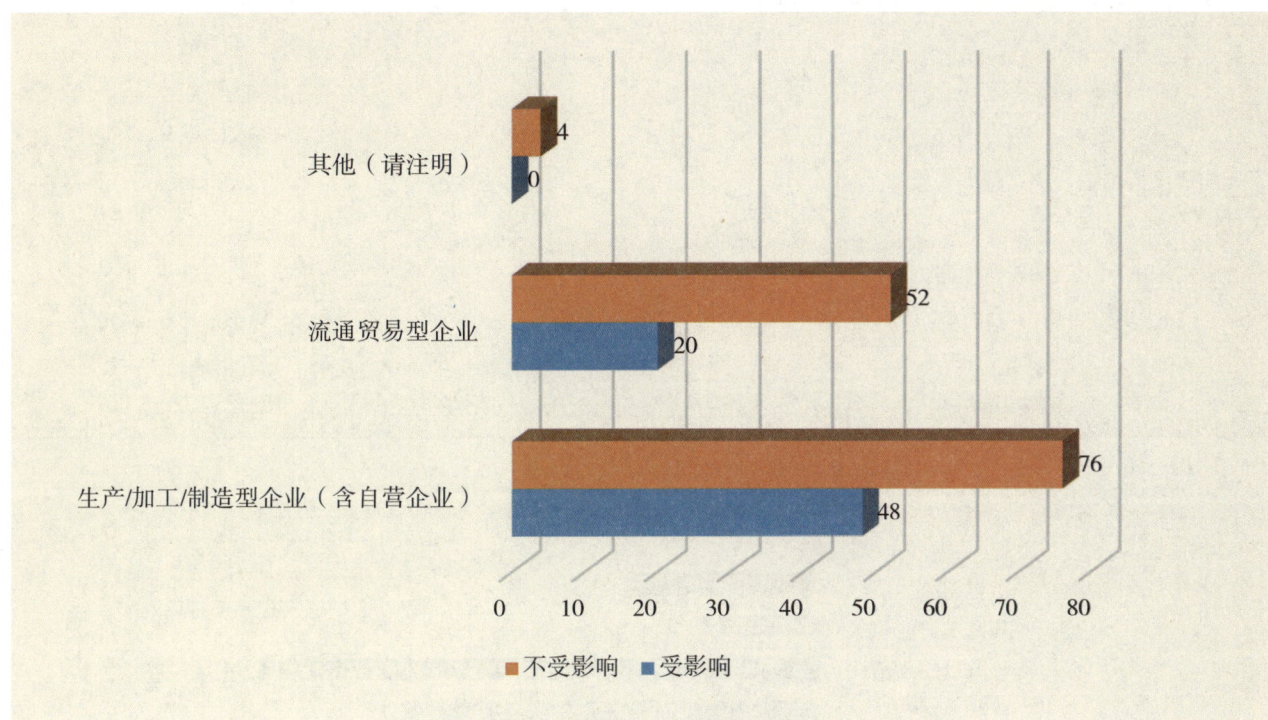

图 1-9　不同类型企业受技术性贸易措施影响情况分析图

四、企业应对情况分析

（一）企业应对措施

通过数据可以看出，出口企业能够通过采取主动收集了解国外技术法规要求、获取出口所需的相关认证、加强产品检验检测等措施应对国外技术性贸易措施（表 1–11，图 1–10），多数企业将"主动收集、了解国外技术法规要求"做为首要做法，说明大部分企业应对态度是积极的。

表 1-11 企业应对主要措施一览表

应对做法	数量（个）	占比
尽快熟悉 WTO 规则及相关贸易协定	102	51.00%
主动收集、了解国外技术法规要求	112	56.00%
采用先进的国际技术标准	84	42.00%
获取出口所需的相关认证	105	52.50%
加强产品检验检测	102	51.00%
改善企业内部的质量管理	96	48.00%
推行标准化生产方式	87	43.50%
设备、技术等更新升级	93	46.50%
加强人员培训，提高员工素质	98	49.00%
实施多元化市场战略	91	45.50%
实施国际化品牌经营战略	73	36.50%
积极调整出口产品结构	98	49.00%
其他（请注明）	20	10.00%
空白	32	16.00%

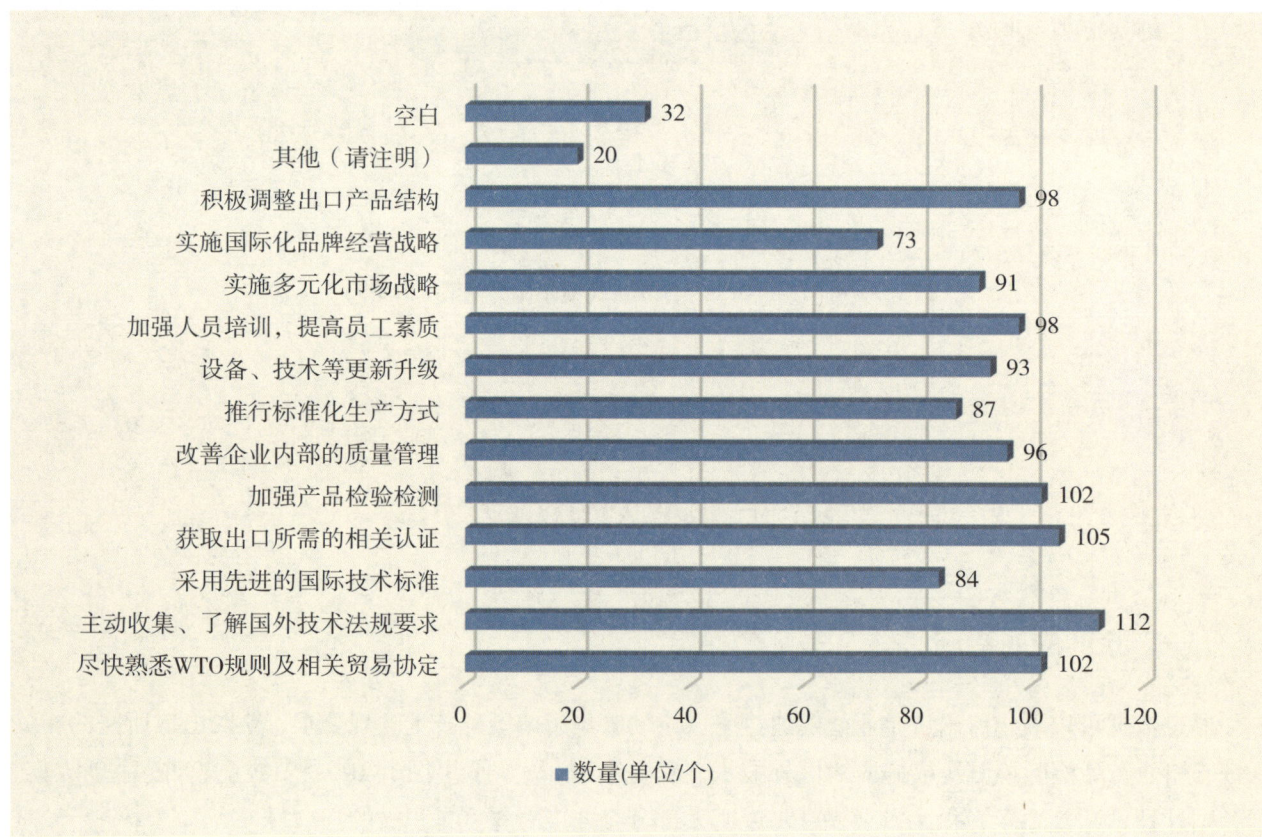

图 1-10 企业应对主要措施分析图

（二）企业获取相关信息渠道分析

通过调查发现，海关是出口企业获得信息的主要来源（表 1–12，图 1–11），此外，媒体、商会、国内外政府部门及客户也是企业获得国外技术性贸易措施的重要来源。

表 1-12 获取国外技术性贸易措施信息的途径 单位：个

获取渠道	选择次数	数据占比
海关	115	57.50%
其他政府部门	46	23.00%
我国有关行业协会和商会	77	38.50%
我国驻外使领馆	4	2.00%
媒体	58	29.00%
国外经销商提供的信息	92	46.00%
中国 TBT、SPS 咨询点	10	5.00%
国外 TBT、SPS 咨询点	3	1.50%
国外政府网站	11	5.50%
其他	10	5.00%

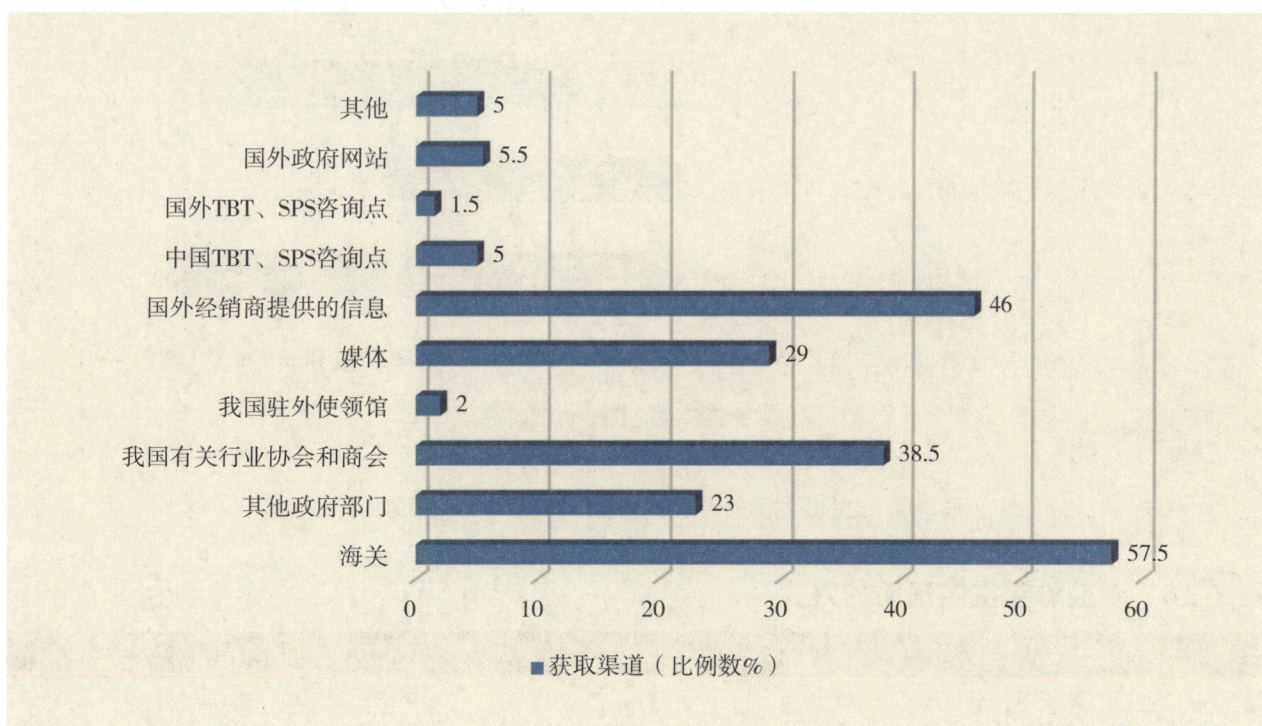

图 1-11 获取国外技术性贸易措施信息的途径分析图

（三）应对需求分析

调查发现，超过 60% 以上的受访企业希望获得技术性贸易措施信息交流、技术交流和帮扶等帮助（表 1-13，图 1-12），50% 以上的受访企业希望得到技术标准信息、贸易措施/措施信息的帮助（表 1-14，图 1-13），以应对国外技术性贸易措施的影响。

表 1-13　企业应对国外技术性贸易措施希望得到的服务　　　　　单位：个

获取渠道	选择次数	占比
技术性贸易措施信息交流	132	66.00%
对国外重要技术性贸易措施通报的联合评议	76	38.00%
技术交流和帮扶	125	62.50%
合作开展培训	94	47.00%
其他	4	2.00%

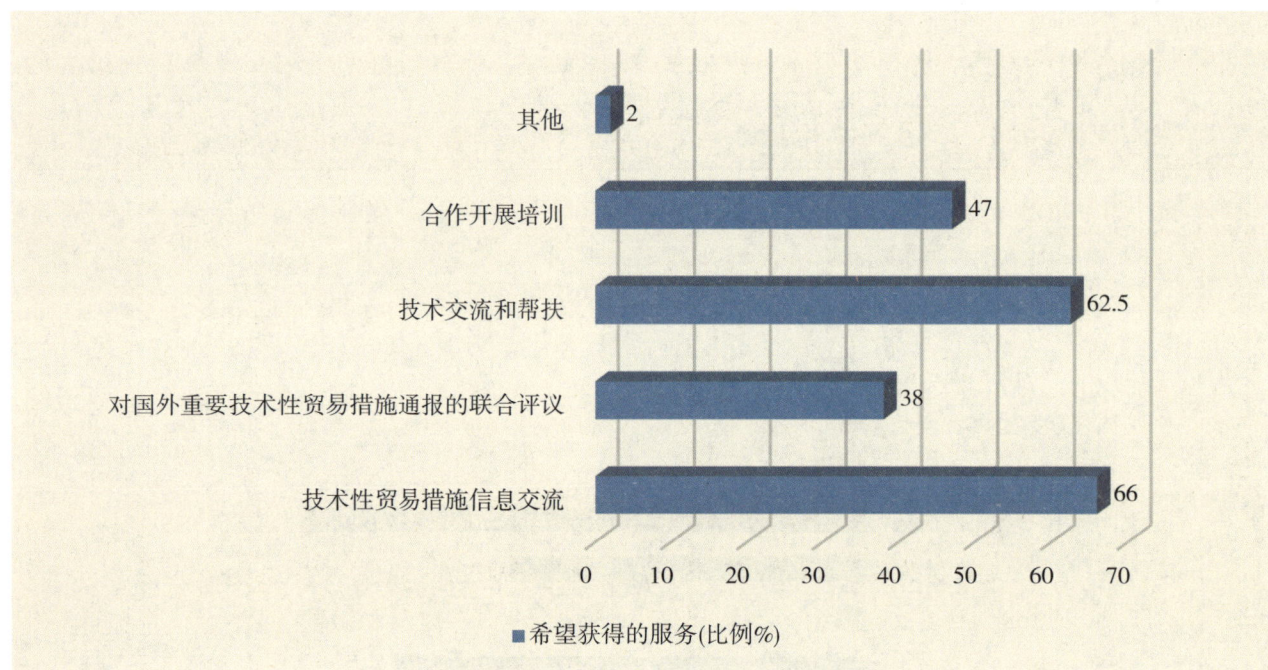

图 1-12　企业应对国外技术性贸易措施希望得到的服务分析图

表 1-14　企业希望提供帮助的方式　　　　　单位：个

希望获得的帮助	选择次数	占比
提供技术标准信息	118	59.00%
提供贸易措施/措施信息；	117	58.50%
提供被国际认可的出口检测	86	43.00%
帮助企业获得国外注册；	54	27.00%
加强生产环节的把关	25	12.50%

（续表）

希望获得的帮助	选择次数	占比
加强出口环节的把关	31	15.50%
简化出口检验检疫程序	115	57.50%
举办定期的进/出口说明会；	76	38.00%
其他	4	2.00%

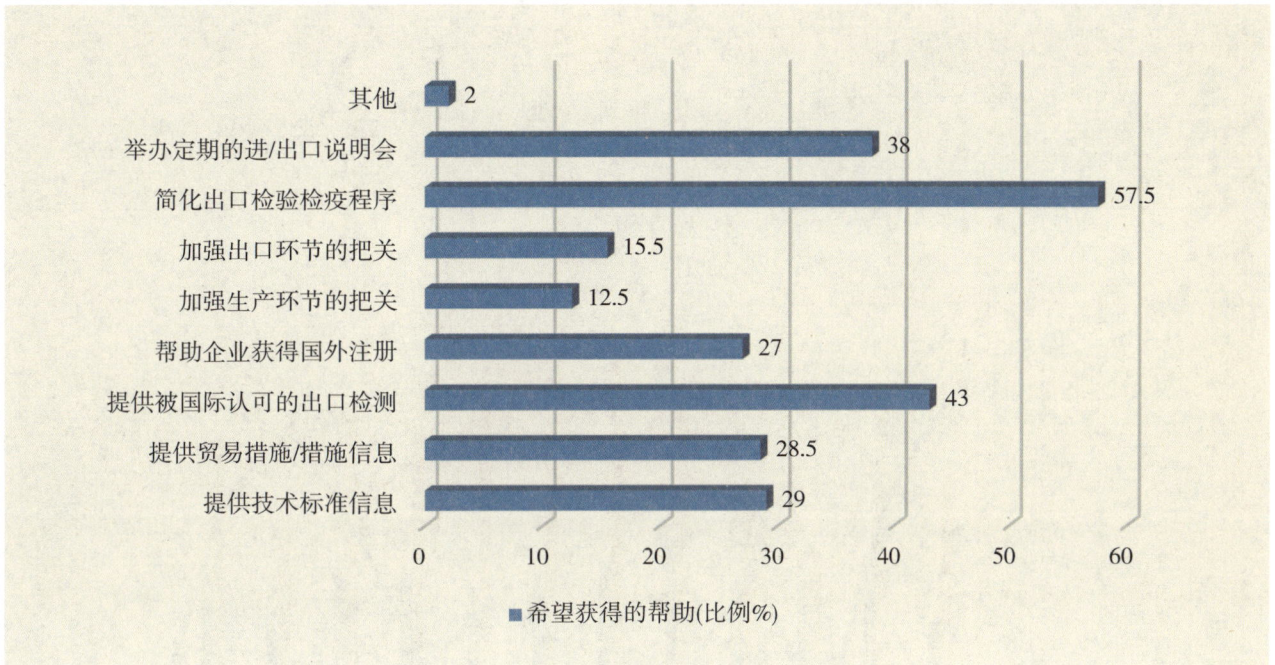

图 1-13　企业希望提供帮助的方式分析图

（四）应对效果分析

　　通过数据分析，大部分企业应对技术性贸易措施的主要方式是：加强产品检验检测、获取出口所需的相关认证、改善企业内部的质量管理、加强人员培训和设备更新升级等措施（表 1–15，图 1–14）；对于应对国外技术性贸易措施后的产品质量，24.5% 的企业表示有提升。14% 的企业反馈，受技术性贸易措施影响放弃国外市场，主要是美国、欧盟，占比分别为 67.8%、14.3%，放弃出口的原因主要包括双反调查、证书认证、产品环保标准高、订单大幅减少、其他五项（表 1–16，图 1–15）。

表 1-15　应对国外技术性贸易措施的主要方法及效果

单位：个

应对做法	没有作用	作用较小	一般	比较有效	非常有效
尽快熟悉 WTO 规则及相关贸易协定	7	10	31	37	17
主动收集、了解国外技术法规要求	3	7	26	52	24
采用先进的国际技术标准	3	0	20	28	21
获取出口所需的相关认证	2	5	16	38	23

（续表）

应对做法	没有作用	作用较小	一般	比较有效	非常有效
加强产品检验检测	1	2	21	50	29
改善企业内部的质量管理	1	1	13	55	26
推行标准化生产方式	1	3	18	41	24
设备、技术等更新升级	1	4	14	52	22
加强人员培训，提高员工素质	1	2	21	49	25
实施多元化市场战略	2	6	10	49	24
实施国际化品牌经营战略	2	9	13	33	16
积极调整出口产品结构	3	7	20	44	24
其他	9	1	4	4	6

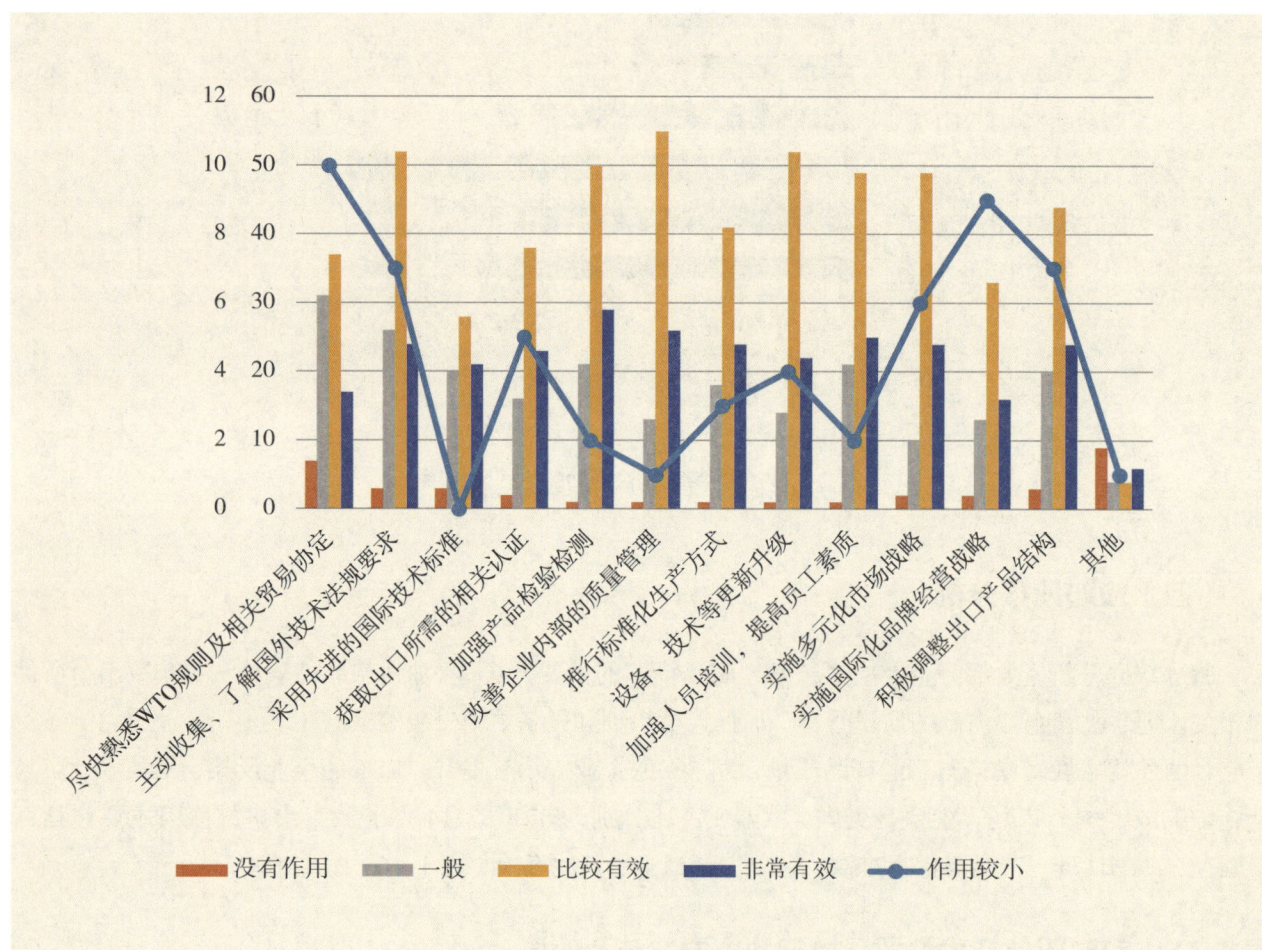

图 1-14　应对国外技术性贸易措施的主要做法及效果分析图

表 1-16　部分国家放弃出口市场原因一览表

放弃出口原因	数量（个）	占比
反倾销，反补贴	10	35.71%
FSC 认证、CE 证书、GREEN GUARD	3	10.71%
产品材质的环保、标准等要求较高	5	17.86%
甲醛超标、熏蒸成本高、时间长很容易耽误船期、美国订单大量减少	4	14.29%
空白	6	21.43%

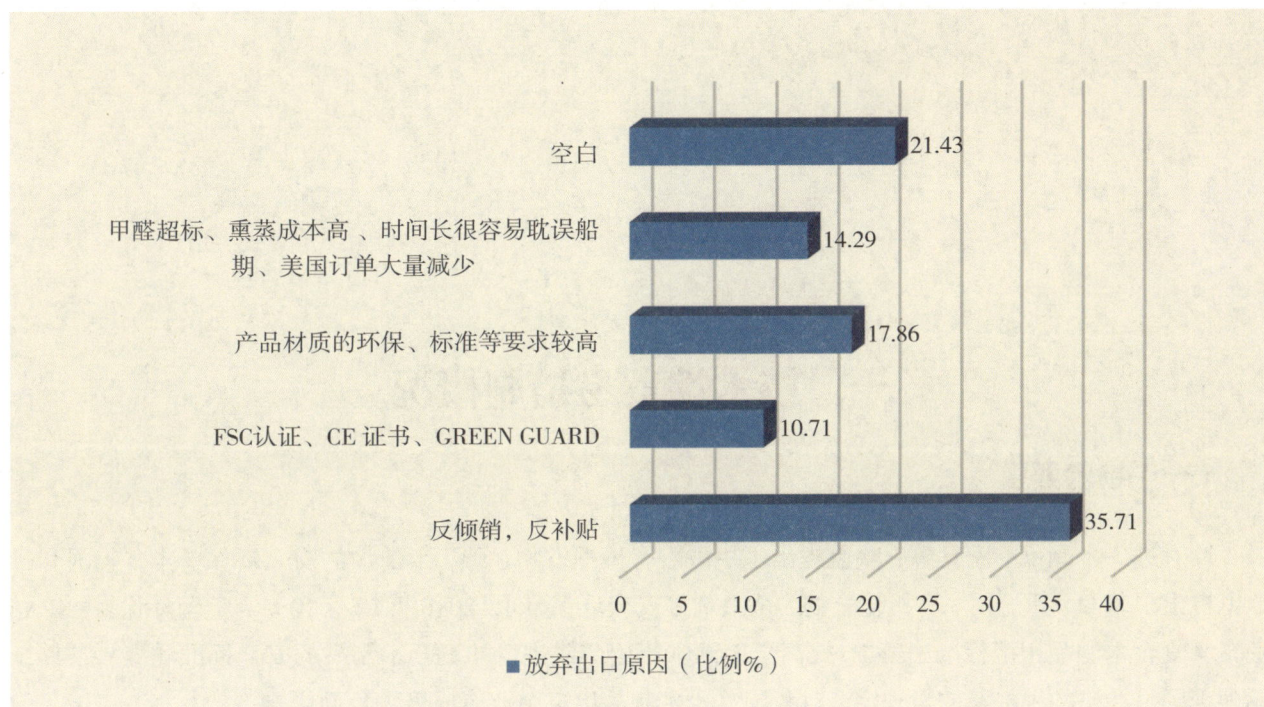

图 1-15　部分国家放弃出口市场原因分析图

第三章 技术性贸易措施情况

一、技术性贸易措施概况

（一）检验要求

针对进口木制品、家具等，欧盟提出了甲醛、有机挥发物、砷、杂酚油的安全环保要求，美国和日本也提出了苯酚、重金属、有机化合物、杀虫剂等安全环保要求。2016年12月10日，美国环保署（EPA）发布《复合木制品甲醛标准法案》，提高了美国本土生产或进口的复合木制品的安全标准和准入条件，成为美国最严格的甲醛释放量规定，对我国复合木制品出口企业造成极大负面影响。

（二）检疫要求

2009年，澳大利亚发布了《进口再造木制品、竹木草制品的检疫要求》。2012年，美国发布了《中国木制工艺品输美检疫要求最终法案》。此外，2009年欧盟生效有关防止植物保护措施指令（欧盟 G/SPS/N/EEC/221/Add.5 号）通报，开始实施进口木质包装新要求，比国际植物保护公约（IPPC 准则）IPSM 15 更严格。新西兰发布了《所有国家木质包装进口卫生标准》修正草案。2013年，欧盟开始严查中国石材运输用木质包装材料。

（三）检疫处理要求

2012年，美国发布《中国木制工艺品输美检疫要求最终法案》，对部分竹木制品提出注册及检疫处理要求；2017年，印度农业及农民福利部发布并实施了《印度植物检疫（进口管理条例）法令》（第五修正案），对输往印度的木材/竹制品等提出了检疫要求，并要求在植检证书上添加备注。

（四）安全性能要求

2015 年，美国加利福尼亚州强制执行衬垫类家具可燃性标准 TB 117-2013。美国纽约州和华盛顿州已经引入了提案，禁止或限制在儿童产品或家用软垫家具中使用卤素元素阻燃剂。华盛顿州也提出两项法案（HB1294 及 SB5181），禁止生产及销售磷酸三（1，3- 二氯 -2- 丙基）酯（TDCPP）或磷酸三（2- 氯乙基）酯（TCEP）含量多于 50ppm 的布艺家具及儿童产品等。2020 年美国消费品安全委员会（CPSC）发布了便携式床栏的安全标准（16CFR 1224），要求产品须符合 ASTM F2085-19 的所有安全要求。

（五）认证认可要求

2004 年，欧盟对建筑用人造板强制实施 CE 认证（以 EN18916CE 为标准），2007 年对强化地板强制实施 CE 认证，2008 年对实木地板强制实施 CE 认证。2009 年起，没有经过 CARP 认证的复合木制品和含有复合木制品的成品均不能进入美国加州。在日本市场销售的农林产品及其加工品都必须接受 JAS 的认证监管。2013 年，进入欧盟市场的木制品要经过 FSC、PEFC 认证。另外，俄罗斯对家具等实施 GOST 强制性认证，加拿大实行 CSA 认证。澳大利亚实施的 LAWA 认可，可以免除常规的检疫查验。

二、特点和趋势

（一）合格评定要求越来越高

标准体系越来越多地被发达国家用来限制国外产品的进口，其技术含量高，涉及产品检验、检测、认证等内容。而且不同国家对同一产品的标准和合格评定程序要求不同，一些进口国对产品是否合格的评定，有时只承认其指定实验室或本国实验室的检测结果。如美国主要以 ASTM 标准为主的《复合木制品甲醛标准法案》，对甲醛限量的要求明显高于我国及欧盟、日本等国家的通行标准，而且只有美国本土的五家认证机构符合第三方认证要求。

（二）节能、环保、低碳成主流

无论是发达国家，还是发展中国家，涉及节能、环保、低碳等要求的技术法规、标准等越来越成为主流。这些技术措施不仅很难提出异议，而且应对起来相对困难。同时也大大增强了进口国家 / 地区对进口货物的自由裁量权，为其采取贸易限制留下了广阔的想象空间。如欧盟要求木制品提供合法采伐证明等。

（三）行业要求影响日渐扩大

国外技术性贸易措施方式日益多样化，有些不进行通报评议，而是由一些行业组织、零售商等非政府组织提出，比其所在国官方标准更加严格。如欧洲木材零售联盟（TRC），以及一些我国木制品主要国外采购商（如瑞典宜家家居公司）对中国提出了 FSC 认证要求，将直接影响到我国木制品的出口前景。

（四）第三方认证导向作用逐渐凸显

一些第三方认证机构所采用的自愿性标准，也对官方技术性贸易措施产生了导向作用。如美国 CARB 认证、ASTM 标准、CPSC 认证，欧洲的 CE 认证，日本的 JAS 认证等。其中德国的 GS 认证等已经成为家具等相关产品出口德国乃至欧盟市场的重要条件。而美国要求从 2013 年 6 月 10 日起，玩具制造商须从美国消费品安全委员会（CPSC）认证实验室获得第三方认证以证明其产品符合《ASTM F963-11 玩具安全标准》要求。

（五）其他国家跟进响应快

欧美澳等发达国家出台技术性贸易措施，其他一些国家就会采取跟进措施，导致参与国家越来越多。发展中国家出台的技术性贸易措施虽然有限，但会紧跟发达国家，将会给我国木制品出口带来更大的负面影响。

第四章　技术性贸易措施应对建议

　　尽管技术性贸易措施被一些国家和地区作为贸易保护的工具，但其本身只是一个中性词，我们更应该关注"措施"之所以成为"壁垒"的原因。大多数情况下，这些原因更多的与产品理念、技术水平的差距有关。只要积极正面应对，顺应贸易发展趋势，国外技术性贸易措施就会成为我国木制品产业发展的机遇。

一、加强标准建设，积极对接国际标准

　　中国木制品技术标准的建设起步晚、起点低、发展慢。有许多产品至今还没有国家标准，只有行业标准。因此，如何尽快使本国标准与国际通用标准或发达国家标准相配套，是中国通过加强标准建设促进木制品出口的重要手段。在制订标准时，应充分吸纳主要出口国的标准，加快采用国际标准的步伐，做到标准化工作与国际惯例接轨。针对木制品的不同品种分别制订和完善标准，充分吸收发达国家和地区相关标准中的合理内涵，将中国木制品主要出口国家和地区的标准中大多数国家考虑的指标加入现有的标准中。

二、完善检测技术，提高检测水平

　　第三方检测机构在应对国外技术性贸易措施中将会扮演越来越重要的角色。应加大我国第三方检测机构发展的支持力度，使之有针对性和预见性地开展检测方法研究，进行必要的技术储备，掌握话

语权。加快标准的制、修订速度，以适应技术进步和国际市场变化，确保检测方法和国外判定标准的一致性。当企业遭受国外技术性贸易措施不公对待时，能提供申述依据，支持企业维护合法权益。同时，积极支持我国有实力的企业参与国际标准化活动，扶持企业将具有自主知识产权的企业标准转为国际标准。

三、开展产品认证和森林认证，稳步推进认证工作

（一）积极争取建立本国认证机构

为了适应广大木材加工企业，特别是外向型企业开展认证的需要，应尽快建立本国认证机构，以便通过国内认证机构开展认证工作，减少认证费用，降低认证成本。

（二）引导企业积极开展认证

相关部门应积极引导企业充分了解国际市场对产品认证的要求。同时，企业应积极开展森林认证尤其是产销监管链认证。为了推动和加速森林认证的进程，应加快制订出符合中国国情和林情的认证标准，并逐步开展认证示范项目。针对国内认证的发展现状、外向型木材加工企业的需求以及森林认证对促进本国森林可持续经营的潜在作用，应加强相关政策的制订，规范和引导林业企业开展森林认证，尤其是产销监管链认证。

四、简化出口程序，降低企业过程成本

在法律层面允许的情况，按照"放、管、治、合"的要求，运用集成管理理论，减少工作环节、简化工作流程，降低企业通关成本。明确以国外技术性贸易措施为工作导向，工作重点放到涉及安全、卫生、环保、健康和反欺诈上来，进一步深化动态管理机制，有针对性地开展安全风险监控，降低企业检测成本。推出优惠政策，引导和帮助企业开展 FSC 等自愿性体系认证，降低企业的认证成本。

五、创新经营方式，发挥行业整体优势

推动企业的组织化发展，把小微企业纳入龙头企业成熟的质量管理体系中，如在木制品产业中可以借鉴"一个质量体系项下规模诚信企业分厂管理制"模式，不仅能解决部分企业"有单无货"和"有货无单"的问题，更能提升产品的质量水平。同时，推动行业组织的发展，协调好各方关系，形成应对的集体力量。加强对国外技术性贸易措施的预警、研判、应对和信息系统建设，在风险分析的基础上，前瞻性地提出应对对策，由事后被动应对向事前主动预防转移。

六、强化宣传引导，提升企业自我保护能力

加强国外技术性贸易措施的宣传、普及和培训工作。帮助企业培训人才，支持大型龙头企业参与各种国际标准化组织活动。加强对合格认证的宣传推广，提升企业对认证合格评定的认知度。积极推行产品认证，稳步推进企业社会责任认证。加强国际合作，积极参与森林认证，改善我国木制产品的国际形象。发挥技术性贸易措施通报评议的作用，充分利用 WTO 成员的话语权，最大限度地规避国外技术性贸易措施对我国出口木制品产业带来影响。

七、推行个性化服务，助推企业开发新市场

近年来，东南亚、中东、非洲等国家对木制品的需求增多，发展中国家的市场被逐渐打开，对人造板、木制家具等产品的需求增大。海关应为帮助企业开拓新兴市场，开发新型产品提供如国别化标准、技术研发等个性化服务，积极研究开发检疫处理技术，引导企业完善合同（信用证）条款，尽可能减少和分散贸易风险。此外，农林部门等可以建立木制品企业市场信息平台，拓展国际网络合作，帮助企业发布产品信息，降低因出口市场集中而造成的技术性贸易措施影响。

第二篇

国外技术性贸易措施对中国信息通讯产品出口影响研究报告（2020）

2019 年是 5G 商用元年，新一代信息技术的应用将开启信息通讯产业的新一轮增长。以计算机和通讯设备行业为基础的物联网、互联网、云计算、大数据、遥感遥测、人工智能等新一代信息技术的广泛运用，更使得信息通讯产业成为新时期塑造国际竞争的战略焦点。经过多年的发展，中国已然成为全球信息通讯产品制造大国。

为掌握国外技术性贸易措施对我国信息通讯产品出口的影响，在中国 WTO/TBT-SPS 通报咨询中心的组织下，深圳海关设计了《2019 年国外技术性贸易措施对我国信息通讯产品出口影响调查问卷》，并对全国 200 家信息通讯产品出口企业的调查数据进行研究并撰写报告。

本次调查涵盖手机、便携式电脑／平板电脑、显示器等主要信息通讯产品（HS 编码包括 8517、8519、8525、8526、8528、8529、8471），重点针对欧盟、美国、印度等国外市场的技术性贸易措施进行深入了解调查。本研究报告梳理了 2019 年信息通讯产品相关的技术性贸易措施情况，分析国外技术性贸易措施对中国信息通讯产品出口影响，结合 2019 年信息通讯产品技术性贸易措施应对成功案例，有针对性地提出应对建议。

鉴于影响调查工作量大、时间紧、编写人员水平有限，不妥之处敬请批评指正。借此机会，对各参与调查直属海关的大力支持，以及受访企业的积极参与配合表示衷心感谢。

第一章 中国信息通讯产业发展概况

一、2019 年中国信息通讯产业概况

2019 年是 5G 商用元年，但受全球贸易形势和业务发展周期的影响，全球信息通讯产业增速呈周期性波动。据中国信息通讯研究院报告，受行业颠覆性创新匮乏、移动通讯制式切换及宏观经济形势复杂多变等多重因素的交织影响，全球手机、PC 和平板电脑等消费电子制成品，以及服务器、外部存储和通信网络设备等通信基础设施产业销售规模出现下滑，但我国信息通讯产业仍保持了平稳增长。2019 年我国信息通讯产业收入规模超过 25.3 万亿元，同比增长 7.8%，受贸易形势和业务周期的影响，增速较 2018 年下降了 2.3 个百分点。2019 年，移动通信制式处于换代期，通讯基础设施投资和移动终端销售收缩，叠加全球经贸环境的不稳定性，我国信息通讯制造业收入规模达 15.7 万亿元，增速较上年有所下降。

二、2019 年中国信息通讯产品出口情况分析

2019 年，面对风险挑战明显上升的国际形势，日益严峻的国际贸易环境，我国信息通讯产品出口平稳，略有下降。依据本次调查涉及的出口信息通讯产品范围，海关总署数据查询结果统计显示：2019 年，我国出口信息通讯产品货值 29698.02 亿元，同比下降 1.30%。主要有以下特点：

（一）美国、欧盟、东盟是信息通讯产品出口三大市场

自 2019 年以来，虽然美国不断出台加征关税清单和出口禁令清单，产品多涉及信息通讯产品，但是美国仍是我国最大的信息通讯产品出口市场。2019 年出口美国信息通讯产品 7222.0 亿元；出口欧盟为 5669.67 亿元，是我国信息通讯产品第二大出口市场，其成员国中，出口前三位的国家为荷兰、德国、英国；2019 年信息通讯产品出口东盟市场稳居我国信息通讯出口第三大市场，全年出口东盟 4915.28 亿元。此外，出口韩国为 1017.73 亿元；出口印度为 854.50 亿元等。

（二）一带一路沿线国家增幅稳定，出口一带一路的中东欧 16 国显著增长

在信息通讯产品出口总体出口下滑的情况下，我国出口一带一路沿线国家的信息通讯产品货值为 8703.26 亿元，同比增长 2.05%，其中出口一带一路的中东欧 16 国 1039.74 亿元，同比增长 15.50%。

（三）手机、便携式电脑／平板电脑、交换机继续保持出口整机前三名

2019 年全球手机出货量缓降，据中国信息通讯研究院报告，2019 年全球手机出货量约 17.4 亿部，同比下降 3.9%。2019 年我国出口手机占信息通讯产品出口总额的 29.21%，占比比去年低约两个百分点，出口额同比下降 7.71%。便携式电脑／平板电脑占信息通讯产品出口总额的 22.22%，出口额同比上升 4.14%。随着 5G 的商用，交换机出口依然保持着较大幅度的增长，占信息通讯产品出口总额的 10.84%，出口额同比提高 14.92%。占比 2.98% 的彩色电视机同比分别下降 10.53%，降幅较大。

第二章 2019 年中国信息通讯产品出口影响调查分析

由于我国各省、自治区、直辖市信息通讯产业发展不平衡，为真实反映信息通讯产品出口遭遇国外技术性贸易措施（以下简称技贸措施）影响情况，本次调查在 2019 年全国出口信息通讯产品企业中按照双层不等比例分层进行随机抽样，全国共有 200 家企业参与调查，共收到 200 份有效问卷。

在 200 家企业中，共 34 家企业受到国外技贸措施的影响而产生了直接损失或者成本增加，占比 17.00%，企业遭受的直接损失为 4429.12 万元，新增成本 3680.40 万元。通过统计估算，2019 年全国信息通讯产品出口受国外技贸措施影响直接损失为 66025.25 万元，新增成本 40418.47 万元。调查显示，信息通讯产品受国外技贸措施影响主要集中在美国、欧盟、印度以及非洲，其中出口遭受直接损失额最高的国外市场为美国，出口新增成本最多的国外市场是非洲；在各类信息通讯产品中，信息通讯产品用电池因国外技贸措施影响直接损失最高，手机、对讲机因国外技贸措施影响新增成本最高；在技贸措施类型上，环保要求、电磁兼容等仍是出口企业主要关注的国外技贸措施，但通信设备安全审查制度也成为了企业出口的主要技贸措施障碍。

一、样本情况分析

（一）产业区域分布：信息通讯产业主要集中在我国东南沿海经济发达地区

本次调查样本企业通过随机抽样获得，分布于全国 20 个省、直辖市和自治区。样本数量最多的是广东省，有 80 家企业参与调查，其后依次为江苏 26 家、浙江 18 家、上海 11 家、山东 9 家、湖南 9 家，占总样本量的 81.5%。这反映出，我国信息通讯产业主要集中在东南沿海等经济相对发达地区。样本企业在全国的数量分布情况见图 2-1。

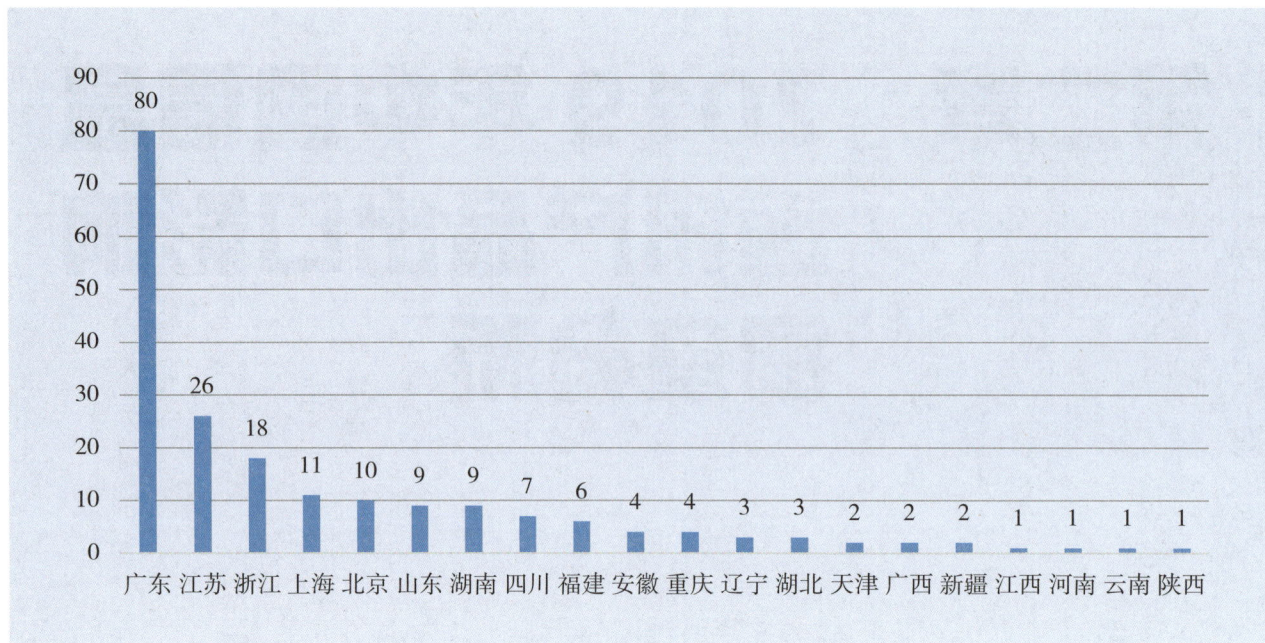

图 2-1　样本企业在全国分布情况（单位：个）

（二）企业类型分析：民营企业是信息通讯产品企业的主力军；生产型企业、自主品牌企业比例较高

受访企业中，生产/加工/制造型企业（含自营出口）占比最高为 57.00%；自主品牌企业和贴牌与自主品牌兼有企业合计占比 51.50%；民营企业占比最高为 66.00%；营业收入超过 2000 万元企业占比为 50.50%；一般贸易和进料加工企业合计占比超过 90.00%。表 2–1 至表 2–5 是受调查企业样本基本信息情况。从表 2–4 中可看出，本次调查样本企业规模（按营业收入）分布较为均衡。

表 2-1　样本企业类别统计情况

企业类别	企业数量（个）	占比（%）
生产/加工/制造型企业（含自营出口）	114	57.00%
流通贸易型企业	74	37.00%
其他	12	6.00%

表 2-2　样本企业类型统计情况

企业类型	企业数量（个）	占比（%）
贴牌与自主品牌兼有企业	54	27.00%
自主品牌企业	49	24.50%
贴牌（OEM/ODM）加工企业	47	23.50%
其他	50	25.00%

表 2-3 样本企业经济类型统计情况

经济类型	企业数量（个）	占比（%）
民营企业	132	66.00%
外资企业	39	19.50%
港、澳、台企业	22	11.00%
国有企业	7	3.50%

表 2-4 样本企业规模统计情况

企业规模（按营业收入）	企业数量（个）	占比（%）
低于 300 万元	47	23.50%
300 万（含）～ 2000 万元	52	26.00%
2000 万（含）～ 4 亿元	49	24.50%
超过 4 亿元	52	26.00%

表 2-5 样本企业出口贸易方式统计情况

出口贸易方式	企业数量（个）	占比（%）
一般贸易	140	70.00%
进料加工	40	20.00%
来料加工	4	2.00%
其他	16	8.00%

（三）企业主要出口产品类别分析：产品类型呈现多样化特点

问卷设计了电话机，手机、对讲机，平板电脑、计算机，路由器等信号转换及传输设备，通信基站，雷达、广播、导航设备，电视机，其他等八个主要出口产品类别情况，图 2–2 显示了企业主要出口产品类别的具体情况，受访企业中生产平板电脑、计算机、手机、对讲机、电视机相对较多，但 78.50% 的企业选择了其他，可见受访企业生产产品类型非常多样性。

（四）企业检测能力分析：四分之一的企业建立了实验室，规模较大企业占比较高

信息通讯产业属于高新技术产业，企业检测能力反映了产业技术水平，也代表着产业的创新和研发能力。图 2–3 为受访企业反馈情况，26.00% 的企业建立了检测实验室，但是只有 10.50% 的企业获得 CNAS 认证，12% 的企业有国际互认需求，受访企业中仅 4 家企业参与过国际标准的制定。

图 2–4 列出了不同规模（按 2019 年营业收入）出口企业建立检测实验室及实验室是否通过认证的情况。2019 年建立检测实验室的企业规模集中在营收 2000 万以上的企业中，2000 万（含）～ 4 亿元规模的企业有 28.57% 建立了实验室，其中仅 35.71% 的企业通过了 CNAS 或其他国际认可组织认可；4 亿元以上规模的企业建立实验室的占比为 59.62%；其中 45.16% 的企业通过了 CNAS 或其他国际认可组织认可。

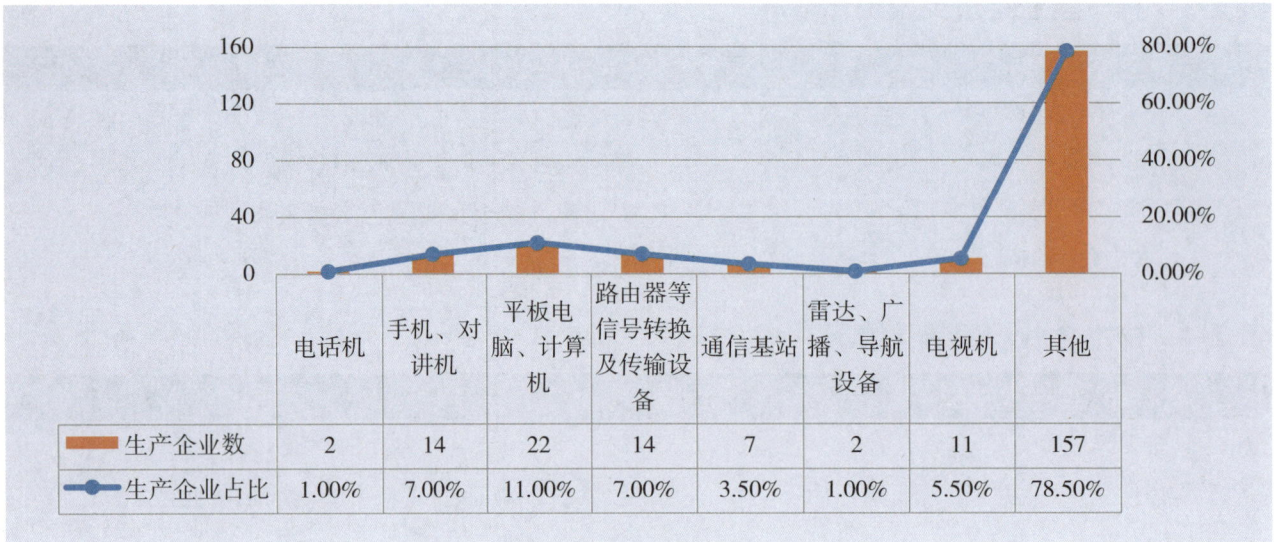

	电话机	手机、对讲机	平板电脑、计算机	路由器等信号转换及传输设备	通信基站	雷达、广播、导航设备	电视机	其他
生产企业数	2	14	22	14	7	2	11	157
生产企业占比	1.00%	7.00%	11.00%	7.00%	3.50%	1.00%	5.50%	78.50%

图 2-2　企业主要出口产品类别情况

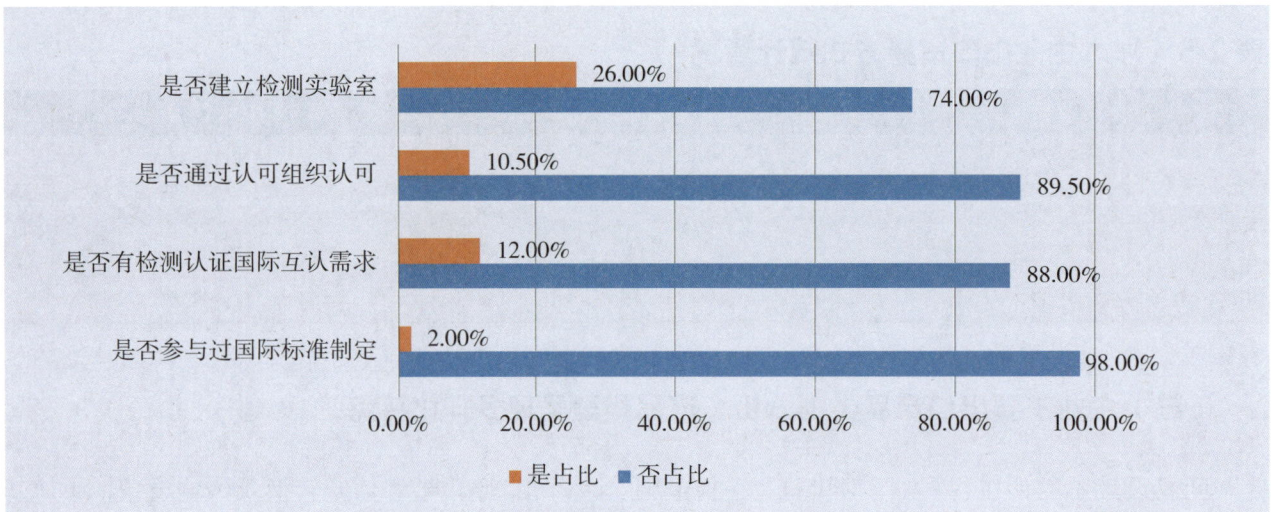

图 2-3　企业实验室检测能力情况

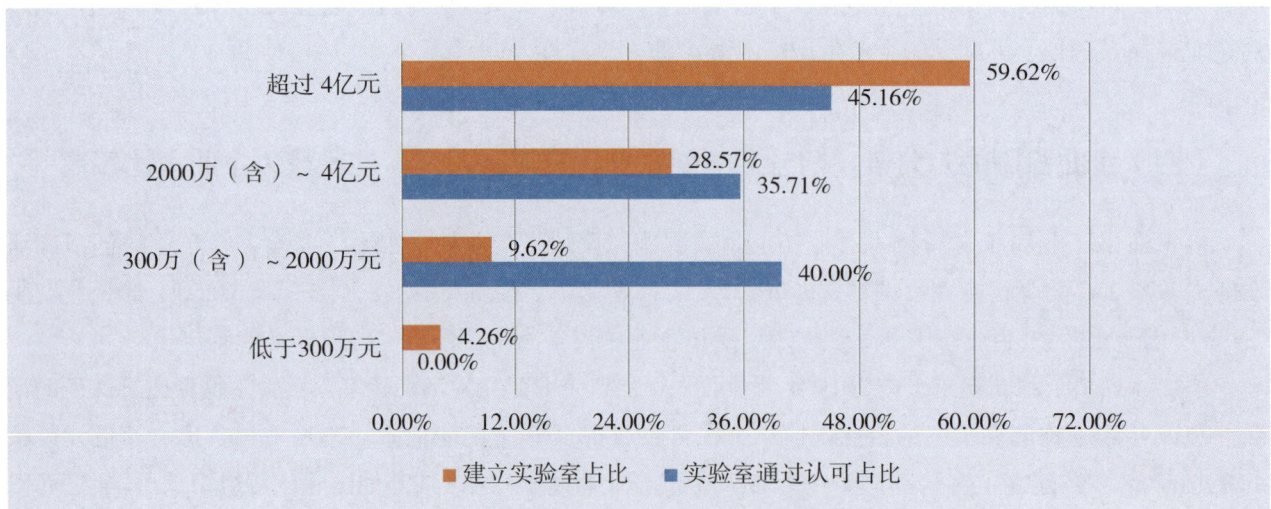

图 2-4　不同规模企业（按 2019 年营业收入）建立检测实验室情况

（五）企业申请专利情况分析：四成受访企业有专利意识及实力，申请国际专利的企业占比不高

如图 2-5，受访企业中，39.00% 的企业曾申请国际或国内专利，12.00% 的企业申请了国际专利，38.50% 的企业申请了国内专利。2019 年 33.00% 的企业申请了国内专利，6.50% 的企业申请了国际专利。

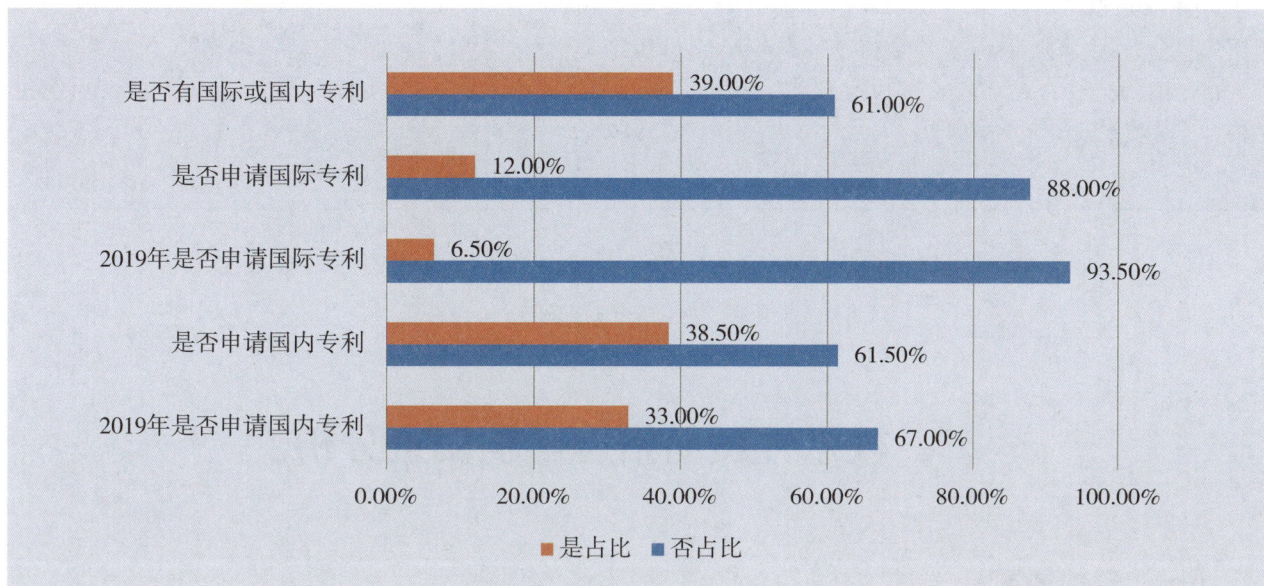

图 2-5　企业申请专利概况

申请专利企业分布情况如图 2-6，营收超过 2000 万元（含）、自主品牌企业、港澳台企业、生产 / 加工 / 制造型企业（含自营出口）申请专利的占比均超过了 50%，这些类型的企业专利意识较强、申请积极性较高。

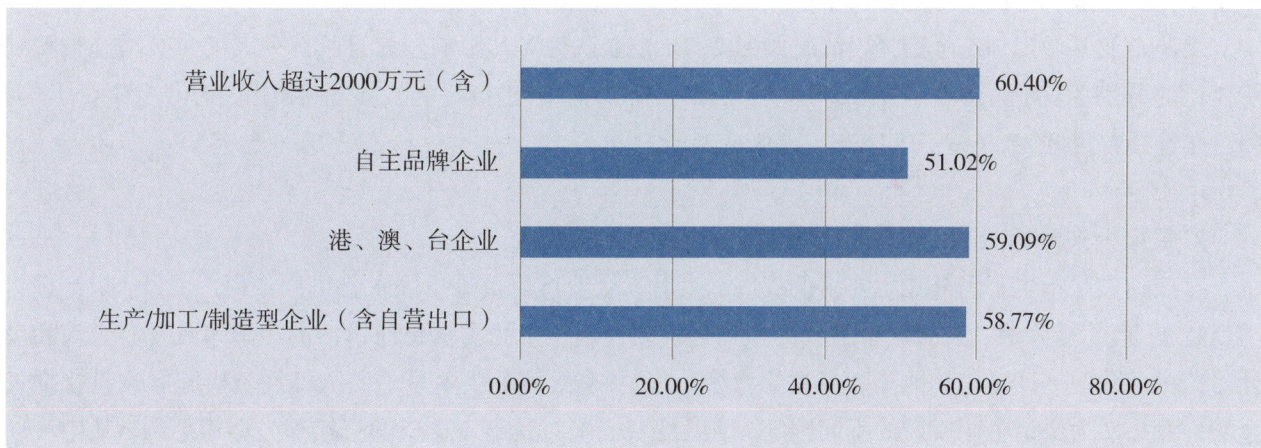

图 2-6　申请专利企业分布情况

大型企业专利意识较强，申请积极性较高，如表 2-6 所示，从专利累计数量来看，营收超过 4 亿元的样本企业累计申请专利数量占比达 87.68%，样本企业累计申请的专利 97.79% 来自于营收超过 2000

万元（含）的企业。

表 2-6　不同规模（按营业收入）企业累计申请专利情况列表

企业规模	企业数量占比	国际专利		国内专利		专利合计	
		数量（个）	占比	数量（个）	占比	数量（个）	占比
低于 300 万元	23.50%	0	0.00%	57	0.42%	57	0.40%
300 万（含）~ 2000 万元	26.00%	20	2.52%	240	1.77%	260	1.81%
2000 万（含）~ 4 亿元	24.50%	39	4.92%	1411	10.41%	1450	10.11%
超过 4 亿元	26.00%	734	92.56%	11846	87.40%	12580	87.68%
总计	100%	793	100%	13554	100%	14347	100.00%

二、技术性贸易措施影响调查分析

（一）总体情况

1. 技贸措施类型分析：环保和安全要求是影响出口的主要技贸措施。

结合信息通讯产品特点，调查问卷列出了全球主要技贸措施类型：包括安全标准的变化（电气安全、机械安全、电磁兼容、近距离辐射安全等）、能效要求的提高（ErP、能源之星等）、性能要求的提高（运行稳定性、无线设备接收性能等）、环保要求的提高（RoHS、WEEE 指令等）、认证程序的变化、标签和标识要求、包装及材料要求等。企业反馈情况如下：

受访企业共做出 365 个选择，情况如图 2–7。企业认为对其影响较多且具体列名的技贸措施类型列前 3 位的分别为：环保要求的提高（67 个）、安全标准的变化（66 个）、认证程序的变化（51 个），分别占总选择数量的 18.36%、18.08%、13.97%。

2. 直接损失分析：出口美国受技贸措施影响直接损失最大。

直接损失是指由于国外技术要求的提高或变化，企业产品被进口国主管机构扣留、销毁、拒绝进口（退货）、产品被降级、丧失订单造成的损失等。结合近年来我国信息通讯产品出口市场比重，问卷设计了美国、欧盟、日韩及其他等四个主要市场，有 19 家受访企业填写了受国外技贸措施影响直接损失金额。表 2–7 为受访企业反馈的不同国家 / 地区技贸措施对其出口造成的直接损失金额总额。从中可以看出，因技贸措施影响，企业产品出口美国直接损失额最大。

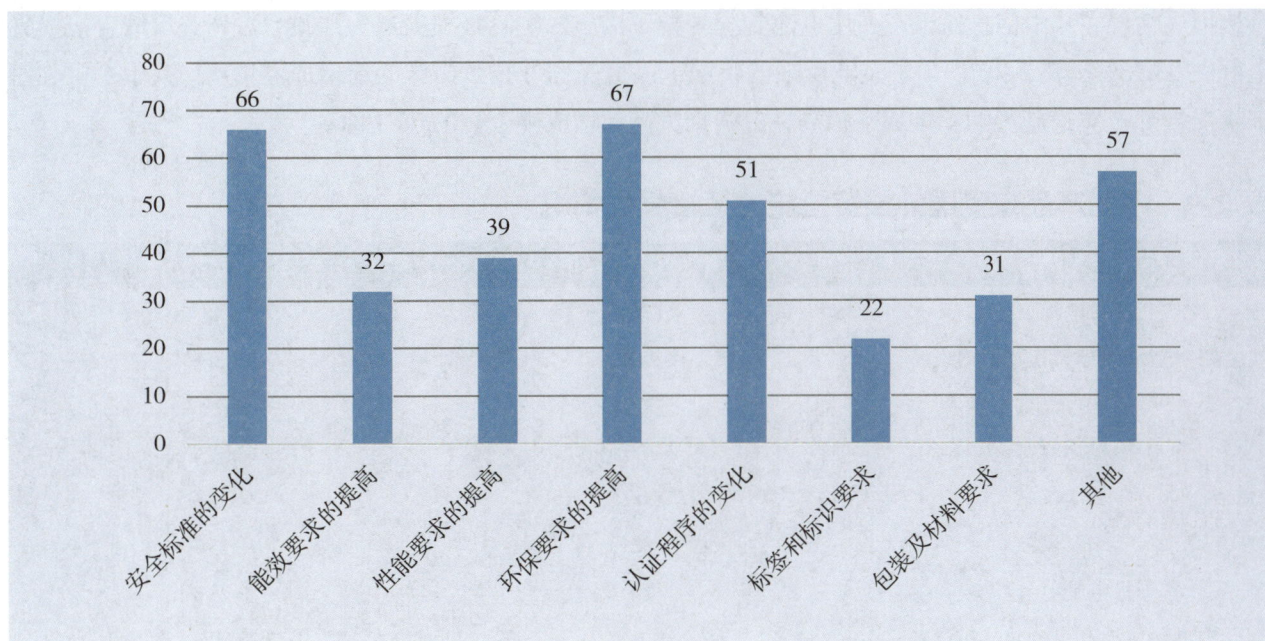

图 2-7 企业遭遇技贸措施类型情况（单位：个）

表 2-7 企业遭受国外技贸措施的直接损失金额

（单位：万元）

	美国	欧盟	日韩	其他	合计
直接损失	2181.1	991.1	291	965.92	4429.12

3. 新增成本分析：出口非洲受技贸措施影响新增成本最高。

新增成本是指为适应进口国要求而进行技术改造、包装及标签更换、新增检验、检测、鉴定、检疫、处理、注册、认证等费用，以及在采购、物流、通关等方面增加的费用。结合近年来我国信息通讯产品出口市场比重，问卷设计了美国、欧盟、日韩及其他等四个主要市场，有 31 家受访企业填写了受国外技贸措施影响新增成本金额。从表 2-8 可以看出，美国、欧盟、日韩以外的其他市场的技贸措施致使受访企业出口新增成本金额最高。从问卷反馈来看，这部分新增成本出口国主要集中在非洲，占其他总额的九成以上。

表 2-8 企业遭受国外技贸措施的新增成本金额

（单位：万元）

	美国	欧盟	日韩	其他	合计
新增成本	469.1	404.2	20	2787.1	3680.4

4. 产品分析：受国外技贸措施影响，信息通讯产品用电池直接损失最为严重，手机、对讲机新增成本最高。

34 家受访企业共反馈了 50 条受国外技贸措施影响的产品信息，包括手机和对讲机、电池、路由器等信号转换及传输设备、电视机、通讯基站等。表 2-9 列出了企业反馈的不同产品遭受国外技贸措施的直接损失情况，其中信息通讯产品用电池受国外技贸措施影响直接损失最为严重，占调查反馈直接损失金额的38.38%。表2-10列出了企业反馈的不同产品遭受国外技贸措施的新增成本情况，其中手机和对讲机受国外技贸措施影响新增成本最高，占调查反馈新增成本金额的72.14%。

表 2-9　不同产品遭受国外技贸措施的直接损失情况

产品	总额（万元人民币）	受影响金额占比
电池	1700	38.38%
路由器等信号转换及传输设备	635.92	14.36%
电视机	500	11.29%
手机、对讲机	200	4.52%
通信基站	200	4.52%
充电器	50	1.13%
平板电脑、计算机	10	0.23%
数据采集器和自动化分拣设备	1	0.02%
电话机	0.1	0.00%
蓝牙音响及计算机周边配件	0.1	0.00%
其他	1132	25.56%
总计	4429.12	100.00%

表 2-10　不同产品遭受国外技贸措施的新增成本情况

产品	总额（万元人民币）	受影响金额占比
手机、对讲机	2655	72.14%
显示器	150	4.08%
通信基站	122.4	3.33%
路由器等信号转换及传输设备	110	2.99%
网络摄像头、网络可视门铃、键盘鼠标等产品	100	2.72%
电视机	35	0.95%
激光打标机	15	0.41%
平板电脑、计算机	12.1	0.33%
充电器	10	0.27%
触摸框，触摸一体机，电子白板	3.5	0.10%
投影设备	2	0.05%
雷达、广播、导航设备	1	0.03%
数据采集器和自动化分拣设备	0.2	0.01%
其他	464.2	12.61%
总计	3680.4	100.00%

（二）受技贸措施影响企业分析

在受调查的 200 家企业中，有 34 家企业反馈 2019 年国外技贸措施给其造成了直接损失或成本增加的影响，占比 17.00%。在受影响企业范围内，主要呈现以下特点：

1. 地区分布分析：受影响企业主要集中在东南沿海地区，其中以广东省出口企业最多。

34 家受影响企业分布在全国 6 个省、直辖市、自治区，其中广东省信息通讯出口企业受技贸措施影响企业数量最多为 18 家（其中深圳关区 11 家），其后依次为江苏 6 家、湖南 3 家，重庆 3 家，占比分别为 52.94%、17.65%、8.82%、8.82%，如图 2-8，这与该产业主要集中在东南沿海地区基本保持一致。

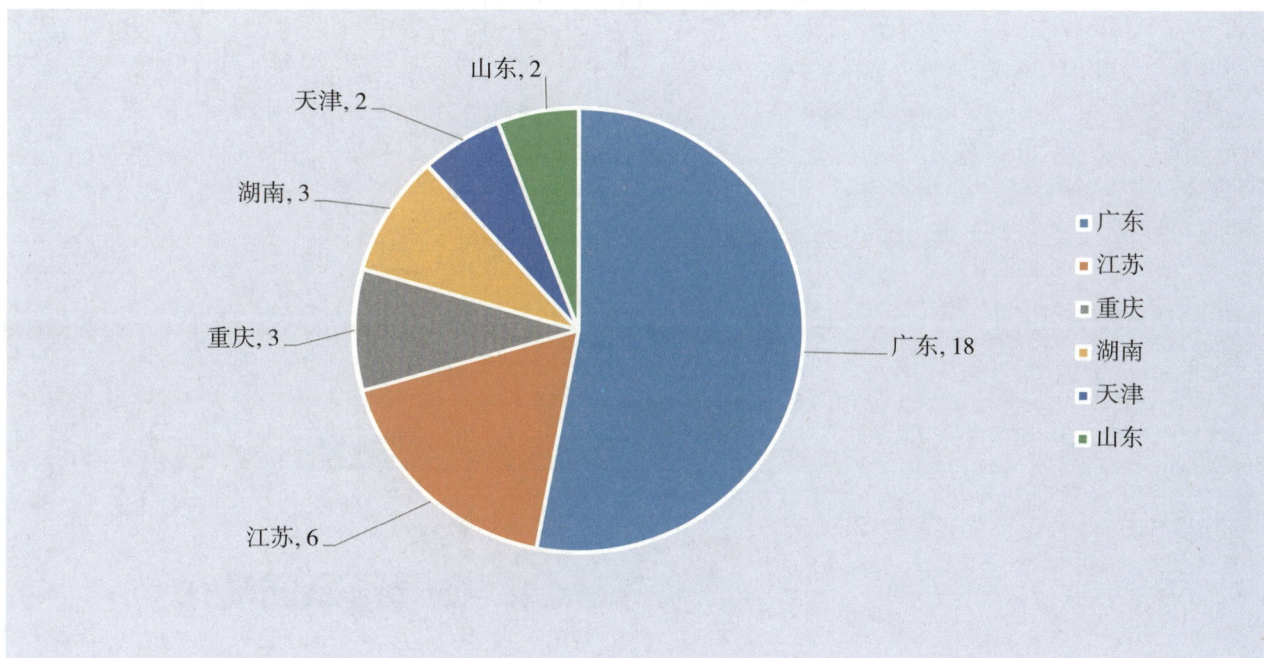

图 2-8　受技贸措施影响企业地域分布情况（单位：个）

2. 企业类别分析：生产 / 加工 / 制造型（含自营出口）企业受技贸措施影响比例较高。

本次调查的企业类别分别为生产 / 加工 / 制造型（含自营出口）、流通贸易型与其他 3 种类型，如图 2-9，生产 / 加工 / 制造型（含自营出口）企业受影响最多为 25 家，占受影响企业总数量的 73.53%，图 2-10 则显示了不同类型企业受国外技贸措施影响的情况，2019 年各类别企业受国外技贸措施影响的比例分别为 21.93%、10.81% 和 8.334%。以上可以看出，不论是受影响企业范围还是不同类别企业范围，生产 / 加工 / 制造型（含自营出口）企业受技贸措施影响比例均为最高。

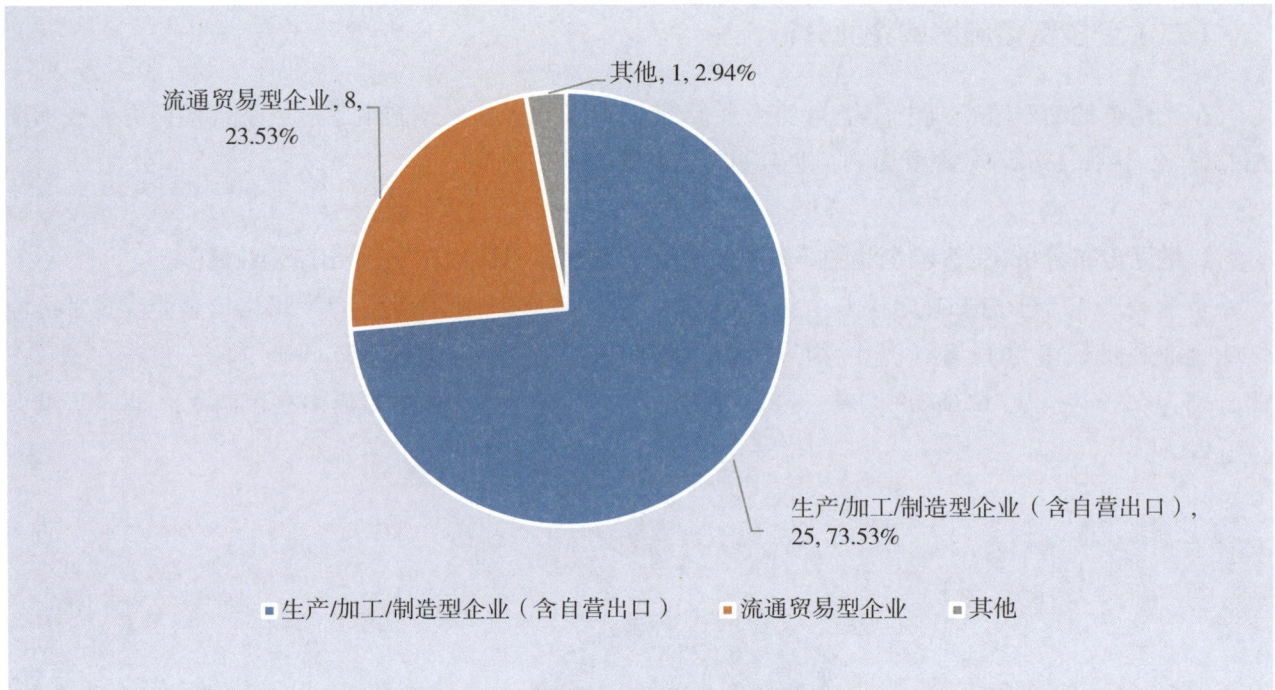

图 2-9　受技贸措施影响的企业类别情况（单位：个，%）

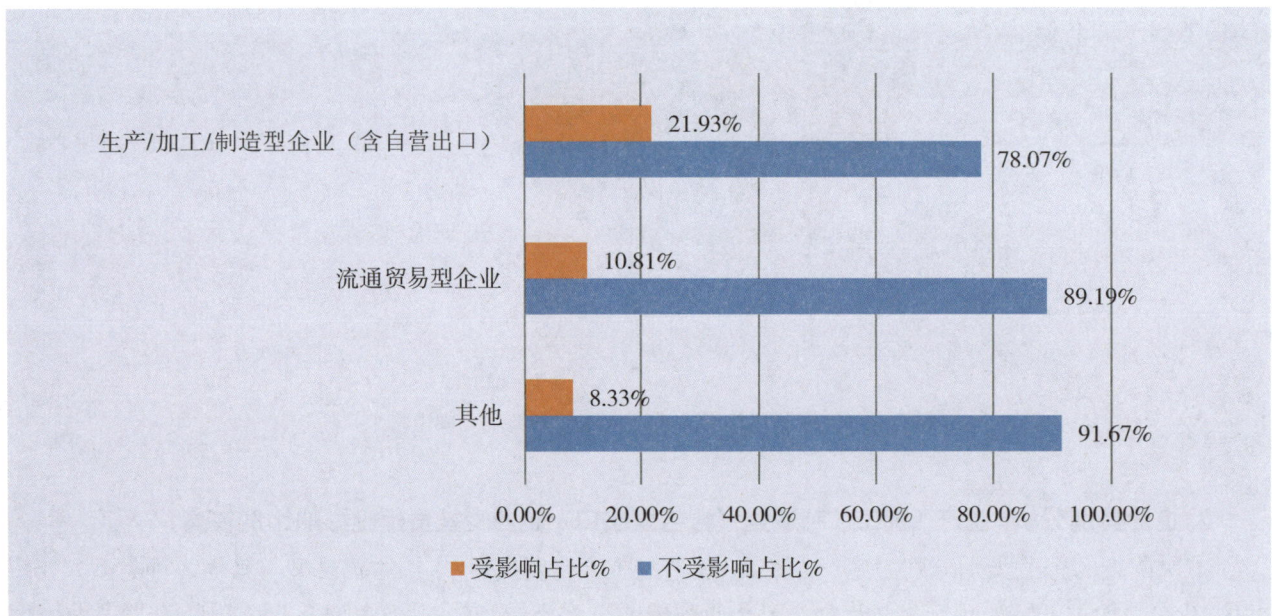

图 2-10　不同类型企业受国外技贸措施影响情况

3. 经济性质分析：民营企业受影响情况高于外资、港澳台资企业。

如图 2-11，从受影响企业范围看，受技贸措施影响企业数量依次为民营企业 23 家，港、澳、台企业 6 家、外资企业 5 家，其中民营企业受影响占比最高，占所有受影响企业总数的 67.65%。

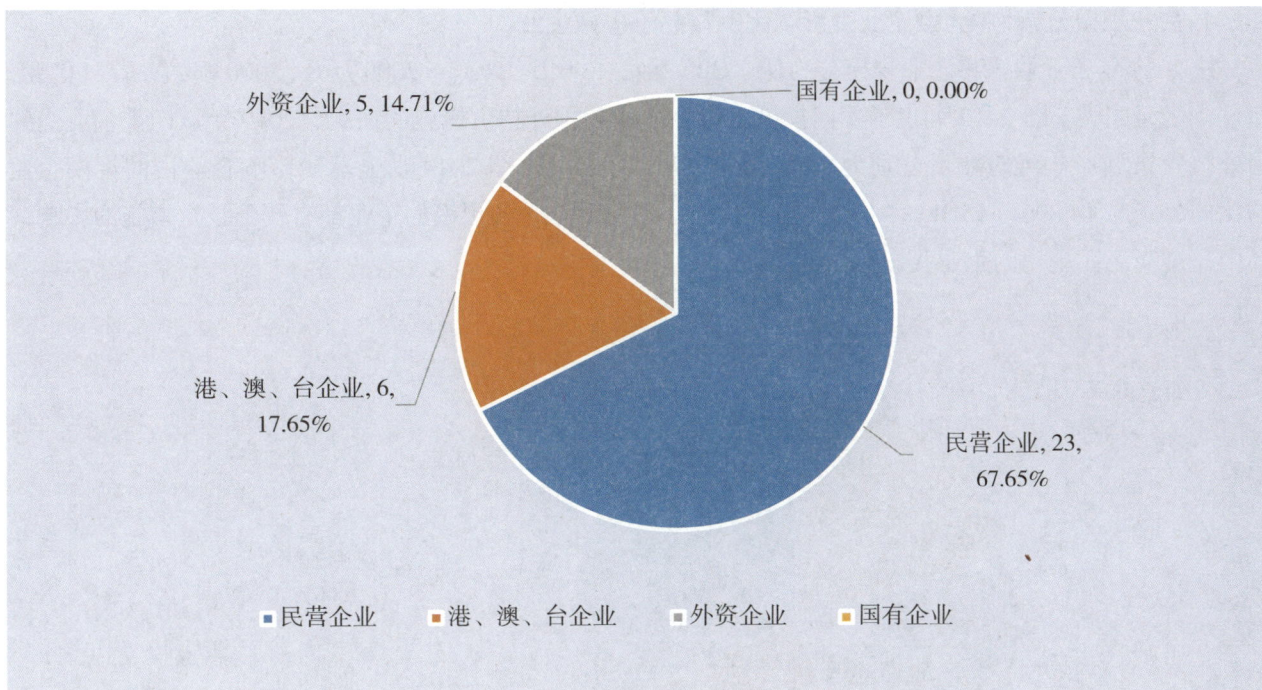

图 2-11　不同经济类型企业受国外技贸措施影响情况（单位：个，%）

　　图 2-12 显示不同类型企业受技贸措施影响企业在该类企业占比从大到小依次为：港、澳、台企业 27.27%、民营企业 17.42%，外资企业 12.82%、国有企业 0。

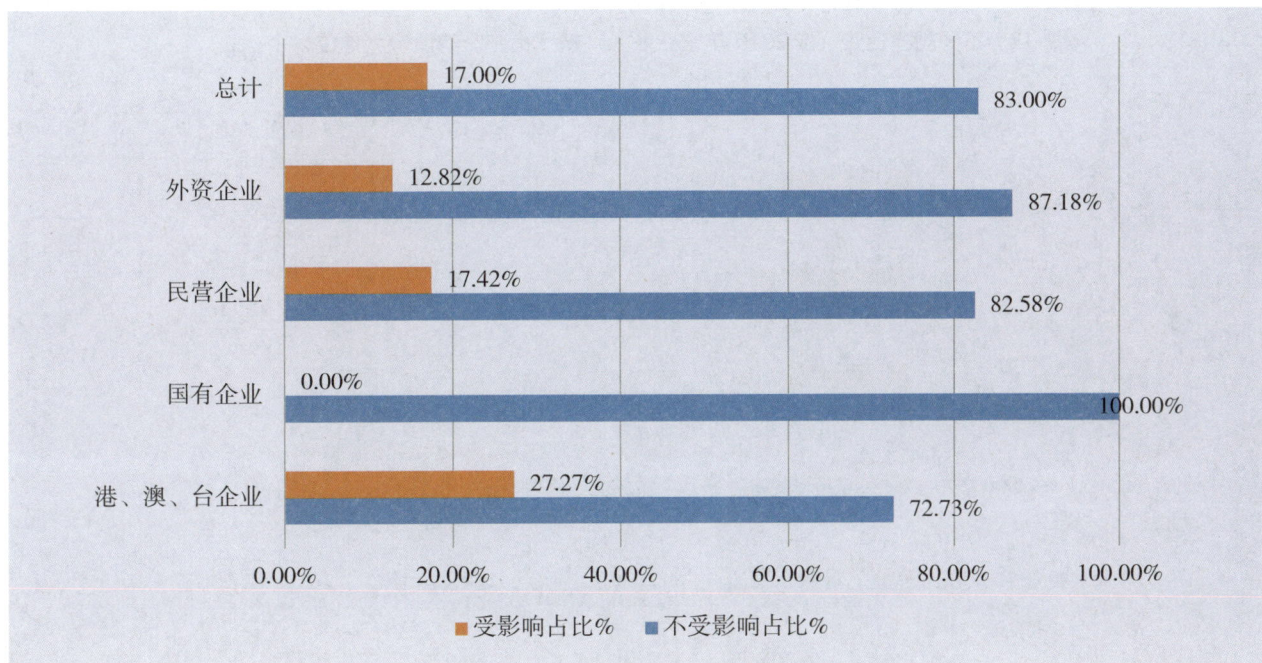

图 2-12　不同经济类型企业遭遇国外技贸措施比较

4. 企业规模分析：中大型企业受影响比例略高于小微企业。

按 2019 年营业收入将企业规模分为低于 300 万元、300 万（含）~ 2000 万元、2000 万（含）~ 4 亿元、超过 4 亿元四类，图 2-13 列出了不同规模出口企业遭遇国外技贸措施的情况，2019 年该四类企业受到国外技贸措施影响绝对数量分别为 7 家，8 家、8 家、11 家；图 2-14 则显示受影响企业占同规模企业的比例分别为 14.89%、15.38%、16.33%、21.15%。可以看出，各规模的企业都有受到技贸措施的影响，其中超过 4 亿元规模的企业受影响比例较高。

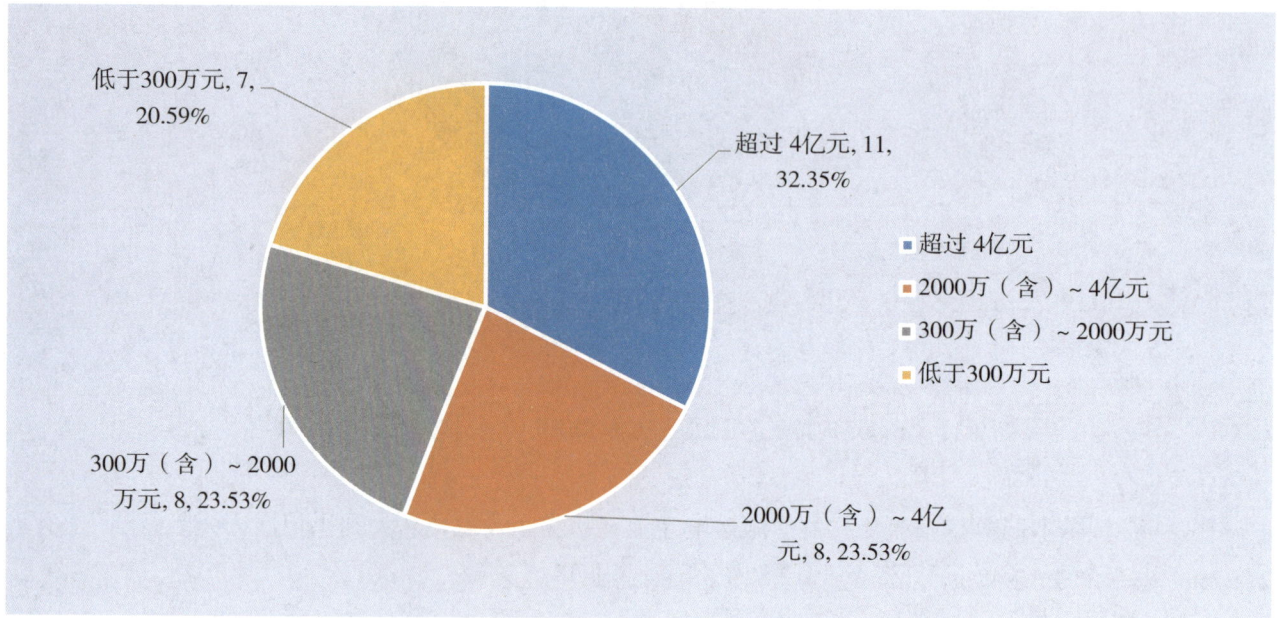

图 2-13　不同规模企业（按 2019 年营业收入）技贸措施影响情况（单位：个，%）

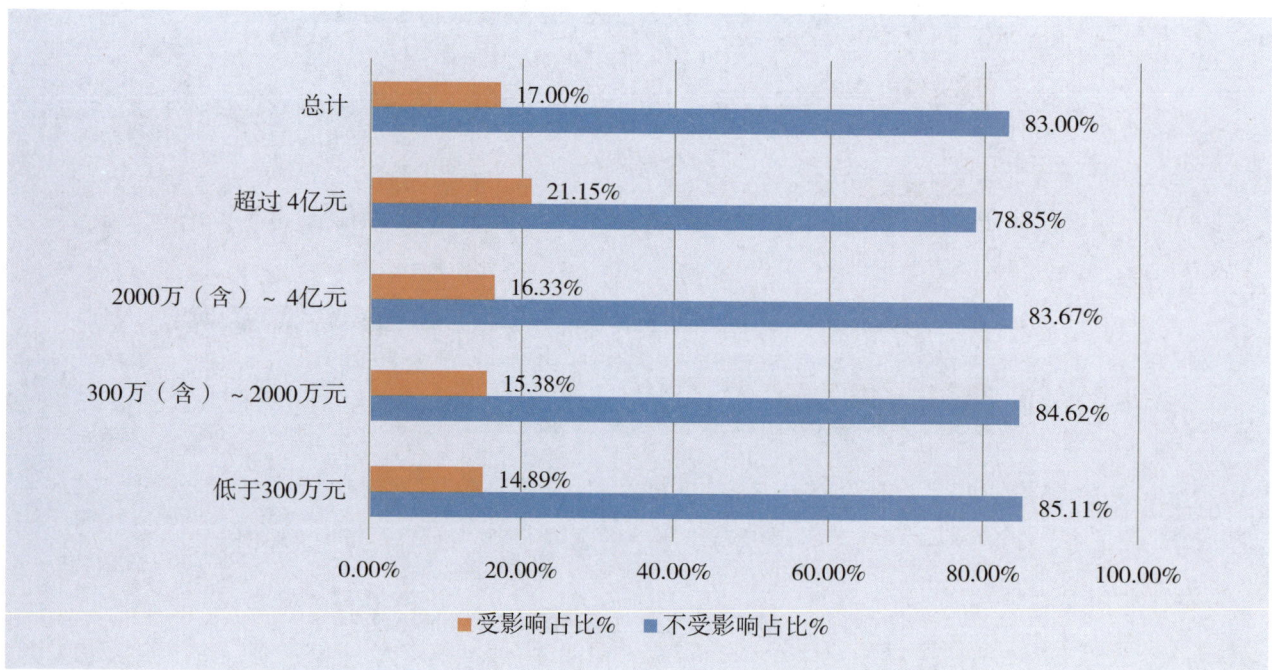

图 2-14　不同规模企业（按 2019 年营业收入）遭遇国外技贸措施比较

5. 生产模式分析：贴牌与自主品牌兼有企业受技贸措施影响最多。

本次调查将企业分为自主品牌企业、贴牌（OEM/ODM）加工企业、贴牌与自主品牌兼有企业和其他企业，如图 2-15，在受影响企业范围内，四类企业占比分别为 35.00%、21.00%、44.00%、0.00%。其中，贴牌与自主品牌兼有企业、自主品牌企业占比合计为 79.00%。图 2-16 列出四类企业遭遇国外技贸措施的比例分别为 24.49%、14.89%、27.78%、0.00%。其中自主品牌企业、贴牌与自主品牌兼有企业遭遇国外技贸措施的概率较高，合计 52.27%，明显高于其他两种类型企业。

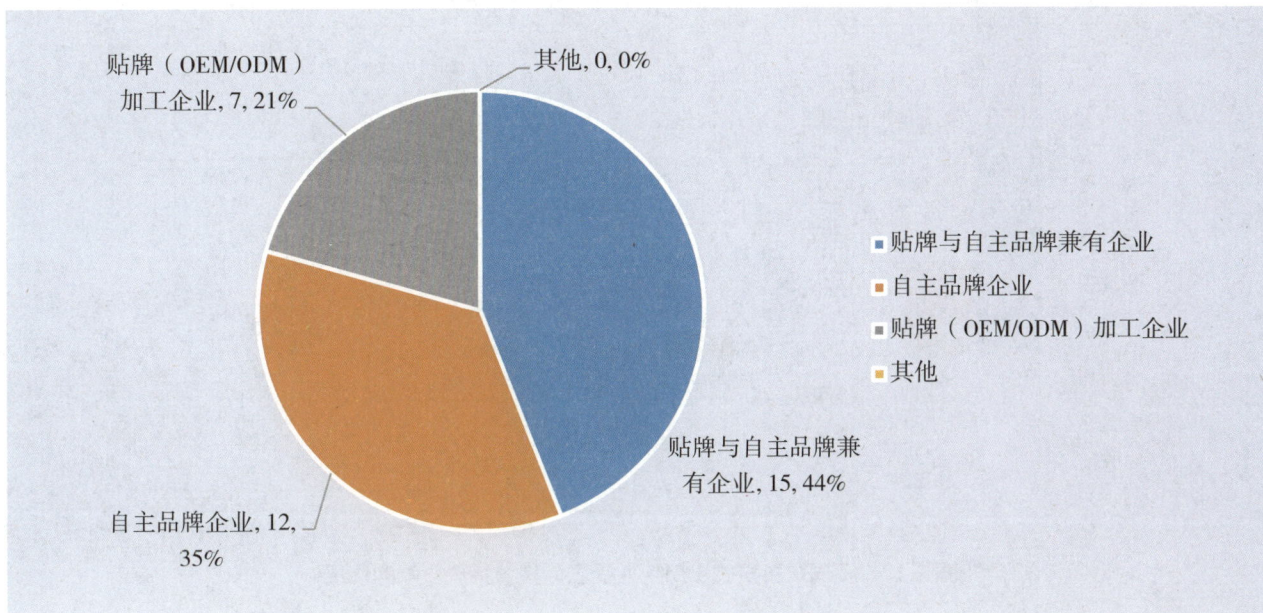

图 2-15　受到国外技贸措施影响的不同生产模式企业情况（单位：个，%）

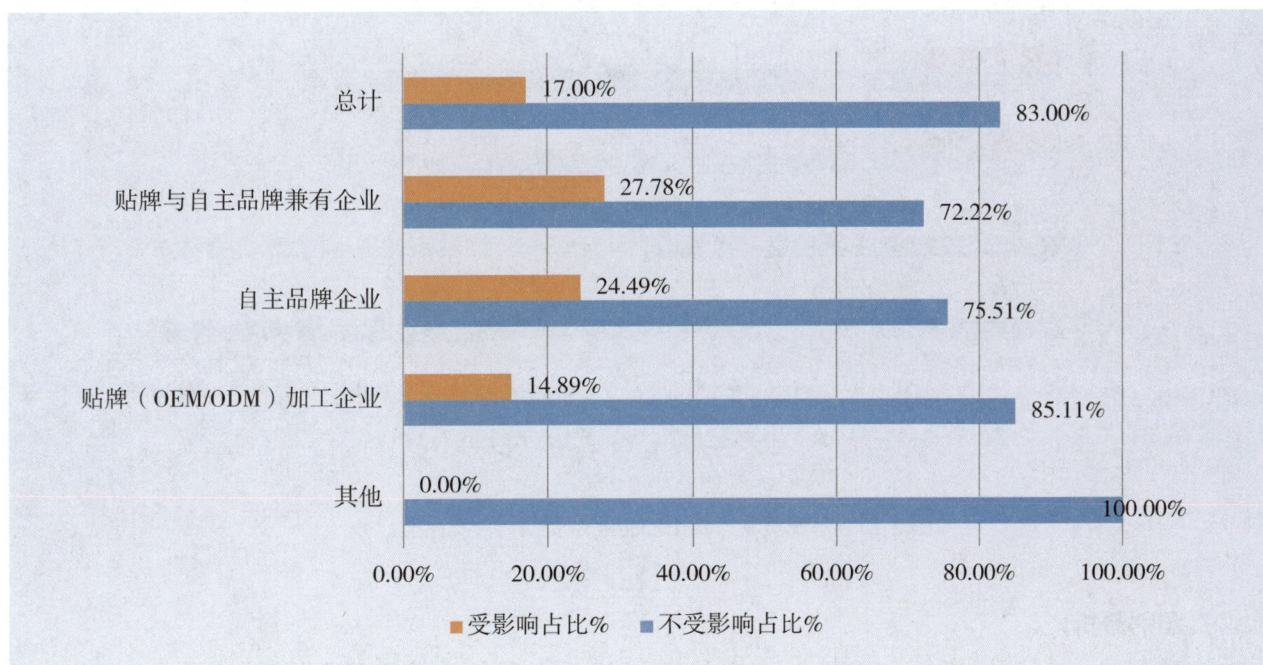

图 2-16　不同生产模式的出口企业遭受技贸措施比较

6. 贸易方式分析：一般贸易方式受技贸措施影响比例最高。

受访企业按贸易方式分为一般贸易、进料加工、来料加工和其他，图2-17显示，受技贸措施影响企业为一般贸易和进料加工企业，分别为27家和7家。从图2-18可以看出，在同类型企业作比较时，一般贸易出口企业受国外技贸措施影响的比例最高，为19.29%。

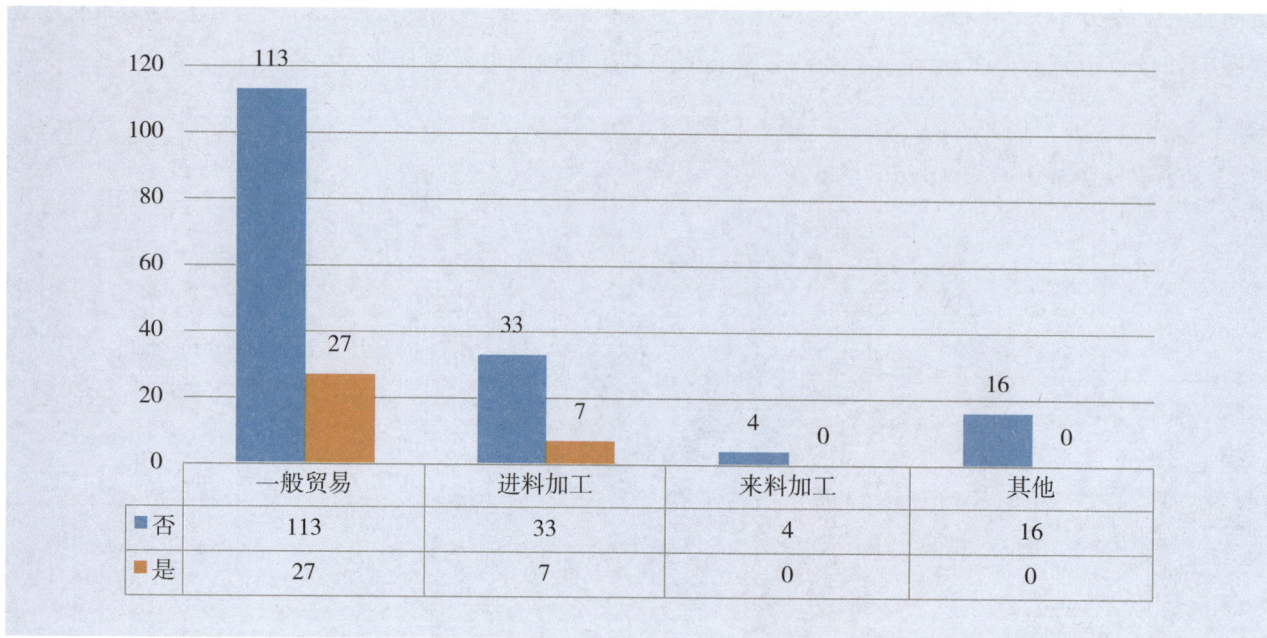

	一般贸易	进料加工	来料加工	其他
否	113	33	4	16
是	27	7	0	0

图 2-17　不同贸易方式出口企业受国外技贸措施影响的情况

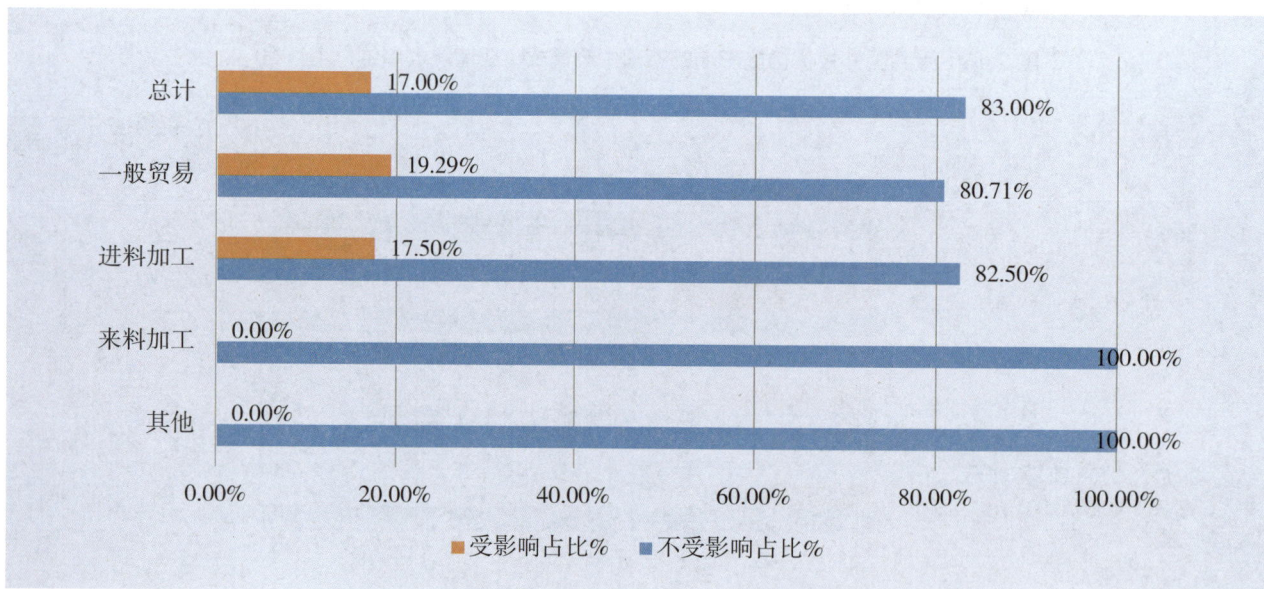

图 2-18　不同贸易方式出口企业遭受国外技贸措施比较

7. 国别分析：

按照企业出口美国、欧盟、印度以及其他国家 / 地区受技贸措施影响情况分别进行调查，相关数据统计分析如下：

（1）美国：电磁兼容认证是输美最大的技贸措施障碍，信息通讯产品用电池是主要受影响产品。

有41%的受访企业（82家）提交了170条相关有效信息，图2-19列出了这些技贸措施类型有基本法规、电磁兼容性认证、电磁辐射和用户保护、能效认证、政府安全模块认证、准入规定、PTCRB认证、OTA认证等，其中占比最高的技贸措施类型为电磁兼容性认证，企业占比为16.0%，其后依次为美国基本法规、电磁辐射和用户保护，均为11.5%。

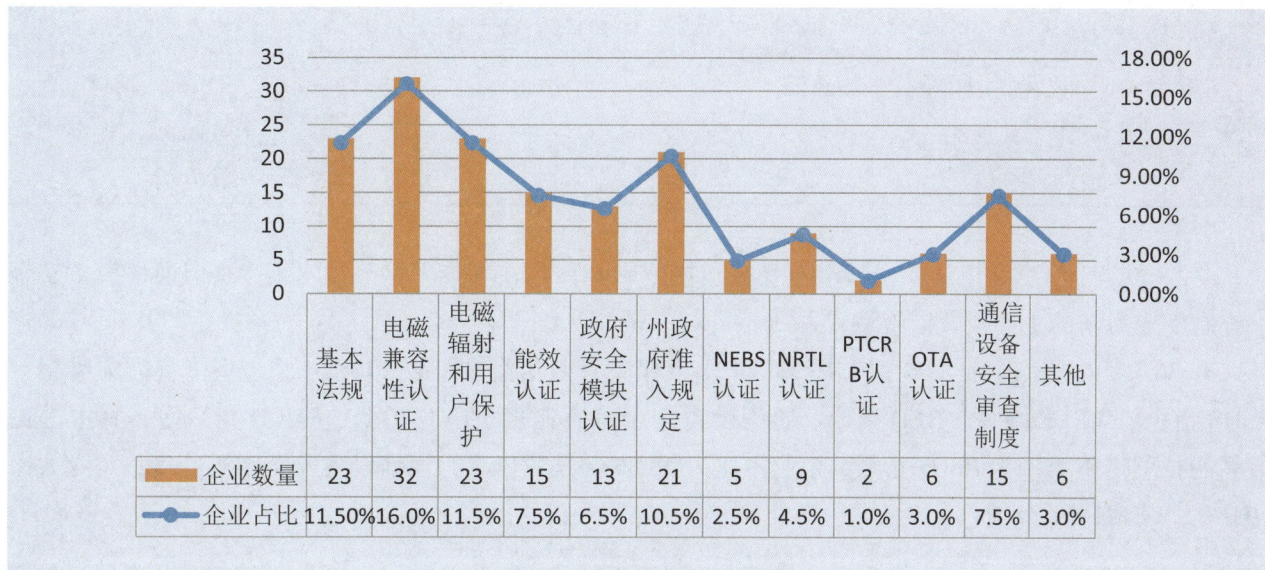

图2-19 2019年影响企业出口的美国技贸措施的情况

表2-11显示出口美国因技贸措施造成直接损失的产品主要有电池、电视机、路由器等信号转换及传输设备、充电器。信息通讯产品用电池是受影响最大的产品，金额占比高达45.85%。

表2-11 不同产品受美国技贸措施直接损失情况

产品	金额（万元）	金额占比
电池	1000	45.85%
电视机	500	22.92%
路由器等信号转换及传输设备	300	13.75%
充电器	50	2.29%
平板电脑、计算机	10	0.46%
数据采集器和自动化分拣设备	1	0.05%
电话机	0.1	0.00%
其他	320	14.67%
合计	2181.1	100.00%

从新增成本来看，表2-12显示出口美国因技贸措施新增成本的产品主要有物联网产品、路由器等信号转换及传输设备、通信基站等。

表 2-12　不同产品受美国技贸措施新增成本情况

产品	金额（万元）	金额占比
网络摄像头、网络可视门铃、键盘鼠标等产品	100	21.32%
路由器等信号转换及传输设备	30	6.40%
通信基站	14	2.98%
充电器	10	2.13%
平板电脑、计算机	10.1	2.15%
其他	305	65.02%
合计	469.1	100.00%

（2）欧盟：信息通讯产品出口欧盟受技贸措施影响聚焦在安全环保等技术指令，但通信设备安全审查制度成为新的主要技贸措施障碍。

有 36.5% 的受访企业（73 家）提交了 121 条相关有效信息。图 2-20 列出了这些技贸措施类型有 RoHS 指令、WEEE 指令、RED 指令、通信设备安全审查制度、LVD 指令、EMCD 指令等，其中占比最高的技贸措施类型为 RoHS 指令，企业占比为 23.0%，其后依次为通信设备安全审查制度，企业占比 10.0%，WEEE 指令 8.5%。

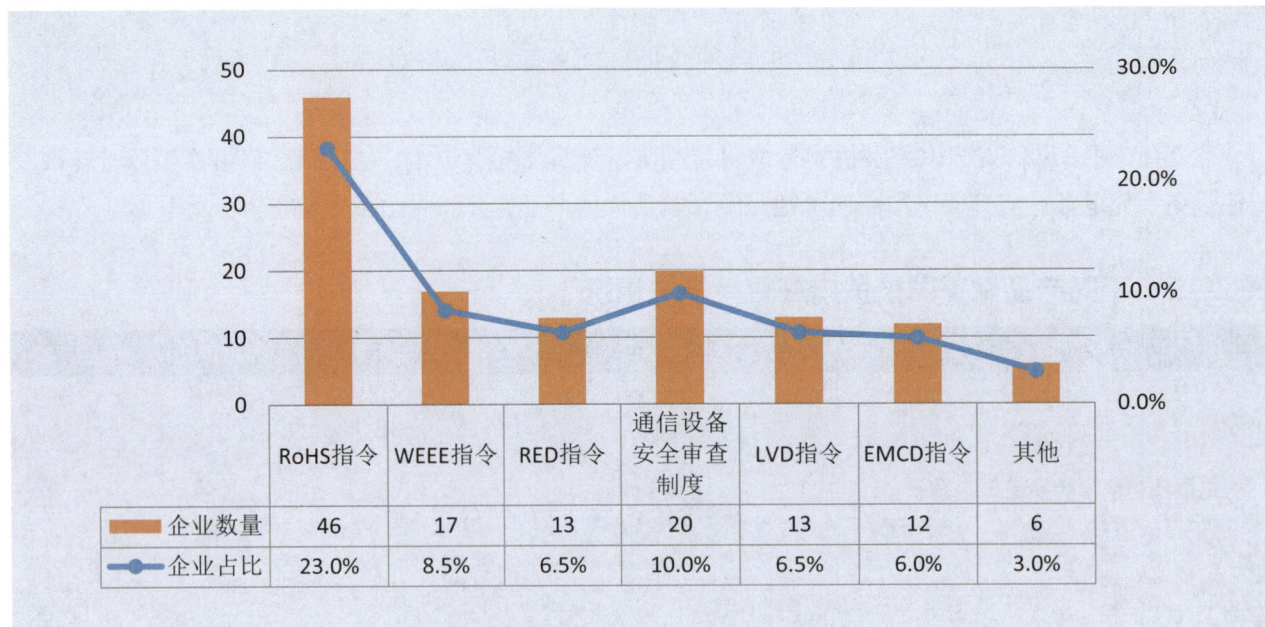

	RoHS指令	WEEE指令	RED指令	通信设备安全审查制度	LVD指令	EMCD指令	其他
企业数量	46	17	13	20	13	12	6
企业占比	23.0%	8.5%	6.5%	10.0%	6.5%	6.0%	3.0%

图 2-20　2019 年影响企业出口的欧盟技贸措施的情况

表 2-13 显示受影响企业涉及产品主要为通信设备用电池、通讯基站、显示器、路由器等信号转换及传输设备等。

表 2-13　不同产品受欧盟技贸措施损失情况

受影响类型	产品	金额（万元）	金额占比
直接损失	电池	500	50.45%
	通信基站	200	20.18%
	路由器等信号转换及传输设备	180	18.16%
	激光打标机	80	8.07%
	蓝牙音响及计算机周边配件	0.1	0.01%
	其他	31	3.13%
	合计	991.1	100.00%
新增成本	显示器	150	37.11%
	通信基站	100	24.74%
	路由器等信号转换及传输设备	63	15.59%
	电视机	35	8.66%
	其他	56.2	13.90%
	合计	404.2	100.00%

（3）印度：印度的基本法规是出口印度的主要技贸措施障碍。

有 22.5% 的受访企业（45 家）提交了 62 条相关有效信息。图 2-21 列出了这些技贸措施类型有基本法规、认证要求、通信设备安全审查制度等，企业占比依次为 11.5%、9.5%，8.5%。可见，印度基本法规是出口印度的主要技贸措施障碍，印度基本法规主要包括印度电报法及其修正案、印度无线法、信息技术法、印度电信管理局法、《国家电信政策》等。

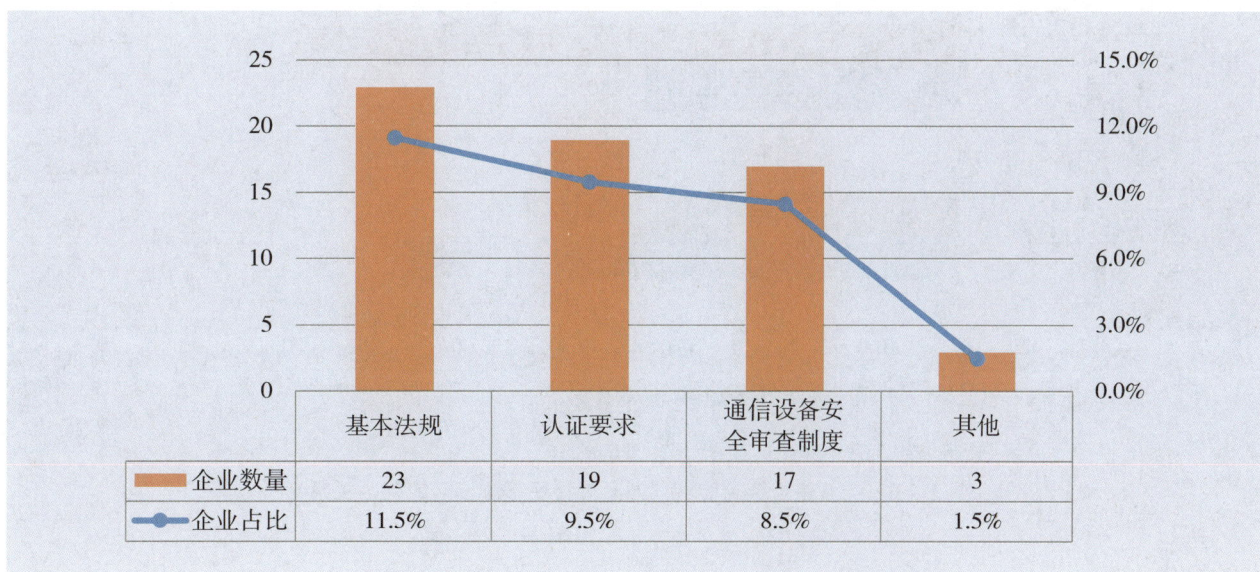

	基本法规	认证要求	通信设备安全审查制度	其他
企业数量	23	19	17	3
企业占比	11.5%	9.5%	8.5%	1.5%

图 2-21　2019 年影响企业出口的印度技贸措施的情况

8. 检测技术水平对技贸措施影响敏感度分析：有一定检测能力企业对技贸措施影响较为敏感。

图 2-22 列出企业是否建立实验室与对国外技贸措施是否敏感的关系情况，调查结果显示，企业未建立实验室感受到国外技贸措施影响的占比为 48.65%，而建立了实验室的企业感受到影响的占比 67.31%。

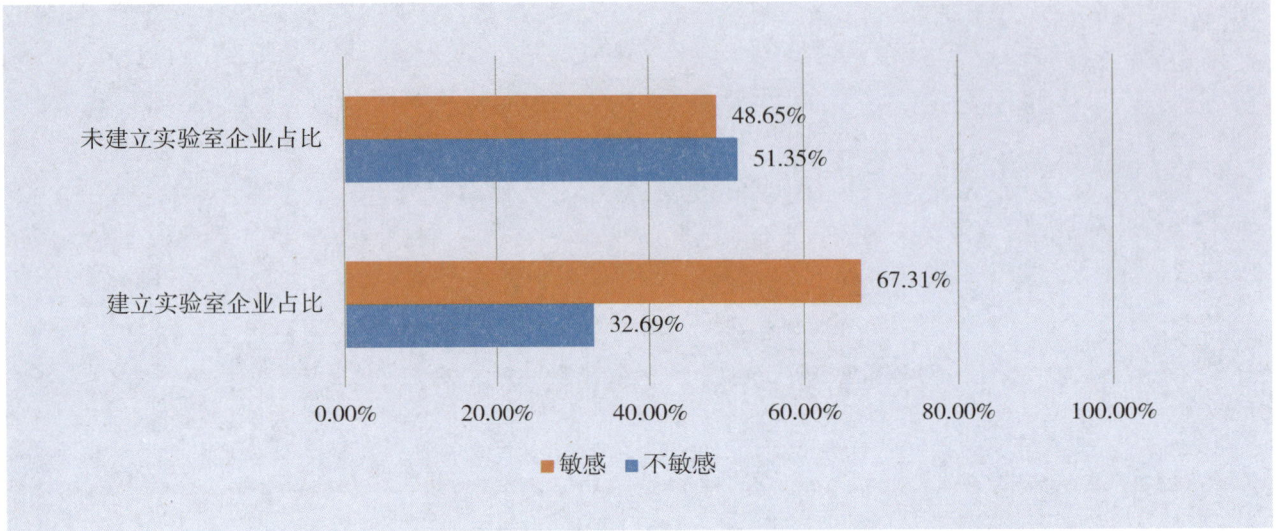

图 2-22　企业是否建立实验室与对国外技贸措施是否敏感的关系

图 2-23 企业是否拥有专利与对国外技贸措施是否敏感的关系的情况，调查结果显示，企业拥有专利感受到国外技贸措施影响的占比为 67.95%，而没有专利的企业感受到影响的占比 44.26%。

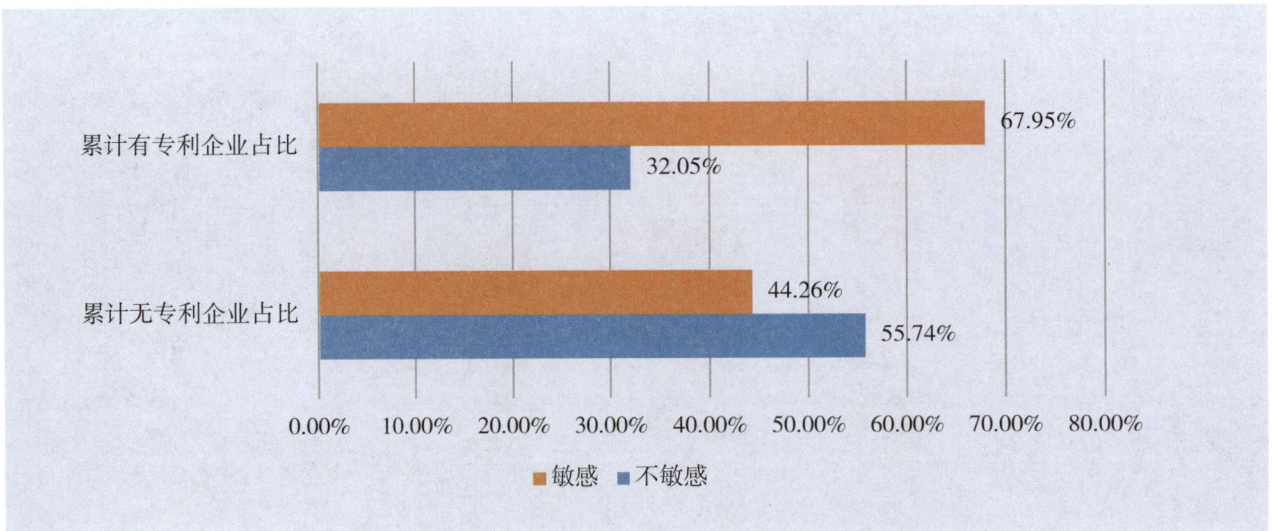

图 2-23　企业是否拥有专利与对国外技贸措施是否敏感的关系

9. 退市分析：超一成企业受国外技贸措施影响放弃或考虑放弃国外市场，其中考虑放弃美国市场的占比近五成。

2019 年受技贸措施影响企业中，放弃或考虑放弃国外市场的企业大幅增加，有 22 家企业因受技贸措施影响考虑放弃国外市场，占样本企业的 11.00%。图 2-24 显示了企业受国外技贸措施影响考虑放弃国外市场情况，样本企业中 3.5% 已放弃受影响的国外市场。图 2-25 显示企业受技贸措施影响考虑放弃市场的国家／地区情况，其中有 45.45% 为美国市场，其次为欧盟市场。

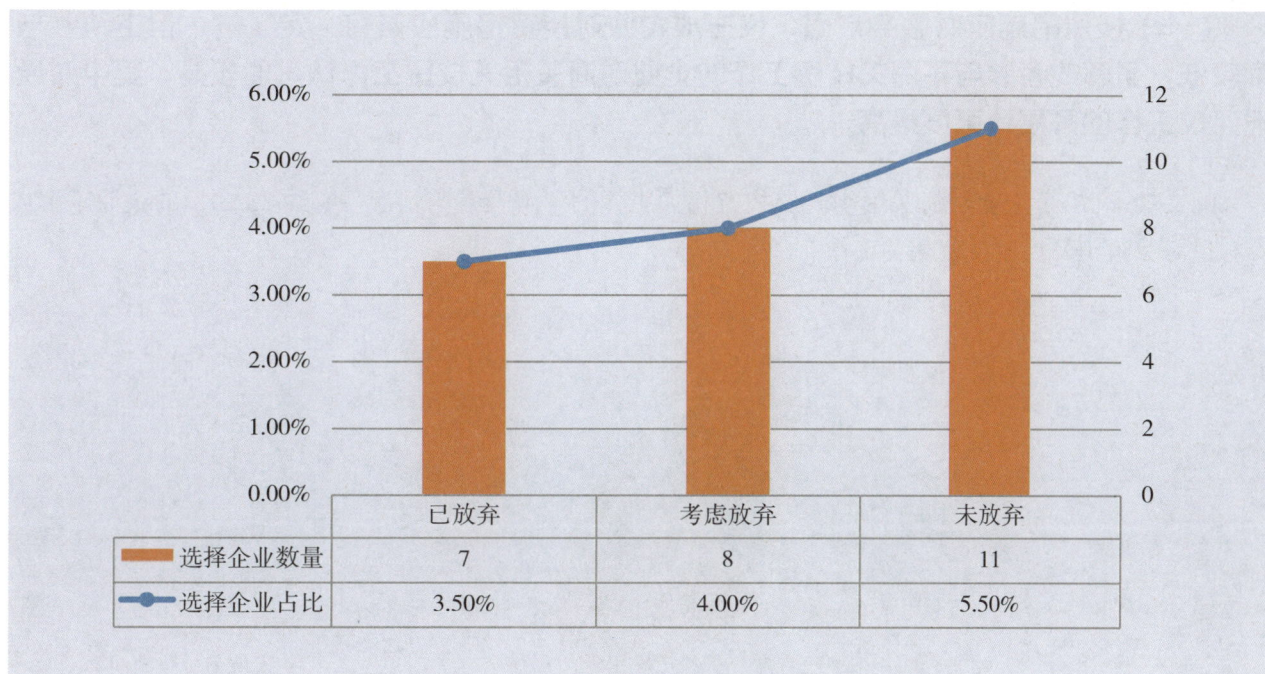

	已放弃	考虑放弃	未放弃
选择企业数量	7	8	11
选择企业占比	3.50%	4.00%	5.50%

图 2-24　企业受国外技贸措施影响考虑放弃国外市场情况

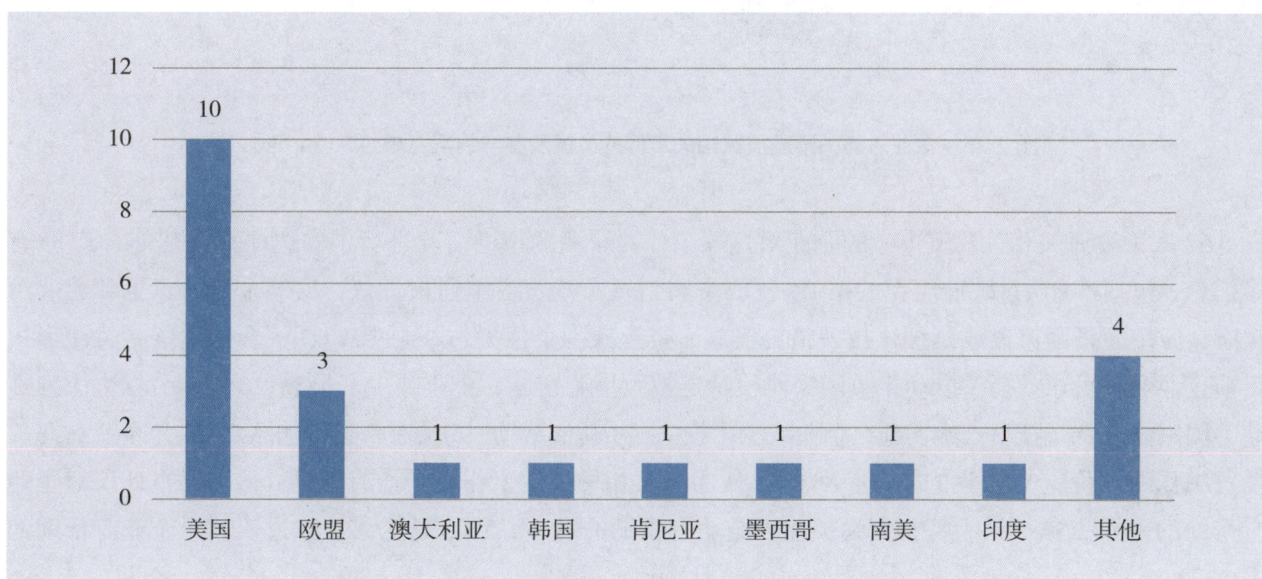

图 2-25　企业受技贸措施影响考虑放弃市场的国家／地区情况

三、企业对政府部门工作评价调查分析

（一）技贸措施应对服务方面：仅三成企业对技贸措施应对有一定了解，但主动参与度较低；了解或者参与了海关技贸工作的企业对海关相关技贸工作认可度较高，其中对通报评议工作的开展认可度最高

图 2-26 列出了企业对海关组织开展技贸相关工作的了解及参与情况。有约 33.50% 的企业了解或参与过海关组织开展的技贸相关工作。

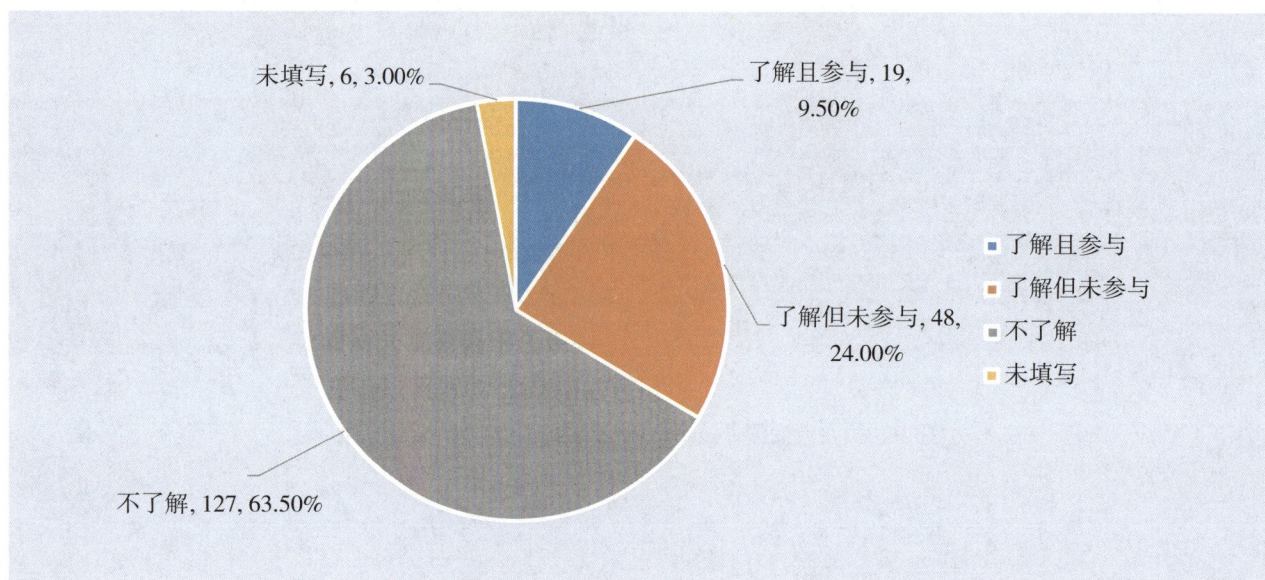

图 2-26　企业对海关开展技贸相关工作的了解及参与情况（单位：个，%）

67 家了解海关相关技贸工作的企业对这项工作对企业的帮助情况进行了勾选评价，提交了 37 条有效信息，包括：(1)通过政府组织的 WTO 各成员国新发布技贸措施通报评议，反馈企业的意见和建议给政府，促使通报国修改或延缓该技贸措施实施，企业减少了损失；(2)通过 WTO 例会特别贸易关注形式反馈企业利益诉求议题，推动相关国家修改特定技贸措施实施，企业减少了损失；(3)因多、双边谈判推动关国家修改特定技贸措施实施，企业减少了损失；(4)其他帮助；(5)没有帮助等。图 2-27 为企业对海关技贸工作的评价。参与评价的企业 85.07% 认为海关相关技贸工作对企业有帮助，认为通报评议对企业有帮助的占 49.25%，认为特别贸易关注对企业有帮助的占 34.33%，认为多、双边谈判对企业有帮助的占 32.84%。

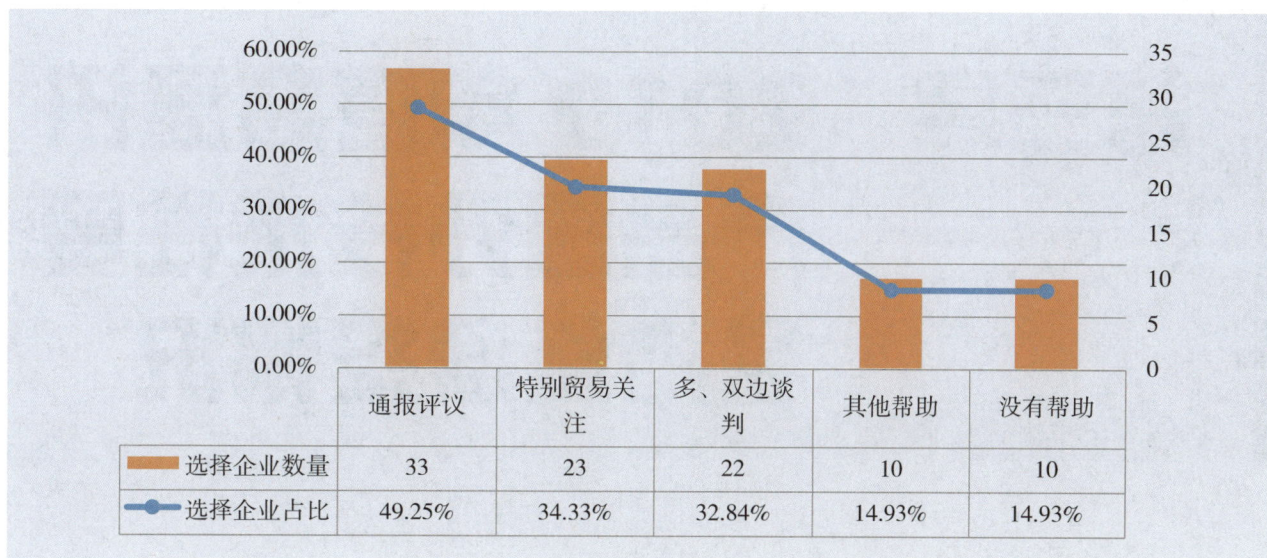

图 2-27　企业对海关开展技贸相关工作评价情况

（二）企业对海关技贸措施应对服务工作需求方面：企业对扶持政策保障等更为具体的政策性服务需求最为迫切，同时企业也希望获得更多的专家技术咨询、检测认证服务等专业性较强的服务

在调查问卷中，就出口企业在发展壮大过程中希望得到技贸措施应对服务，共设计了以下 8 个项目供选择：(1) 专家技术咨询；(2) 技术创新成果交易平台；(3) 公共技术服务；(4) 共性关键技术研发；(5) 检测认证服务；(6) 宣传培训；(7) 扶持政策保障；(8) 其他。图 2-28 直观地反映出受访企业的服务需求情况。企业选择的服务项目列前三位的是扶持政策保障、专家技术咨询、检测认证服务，分别为 100 个、88 个、78 个，其后依次是宣传培训 67 个、技术创新成果交易平台 60 个、公共技术服务和关键技术研发各 40 个。可以看出，扶持政策保障等更为具体的政策性服务是信息通讯产品出口企业最迫切希望得到的服务。

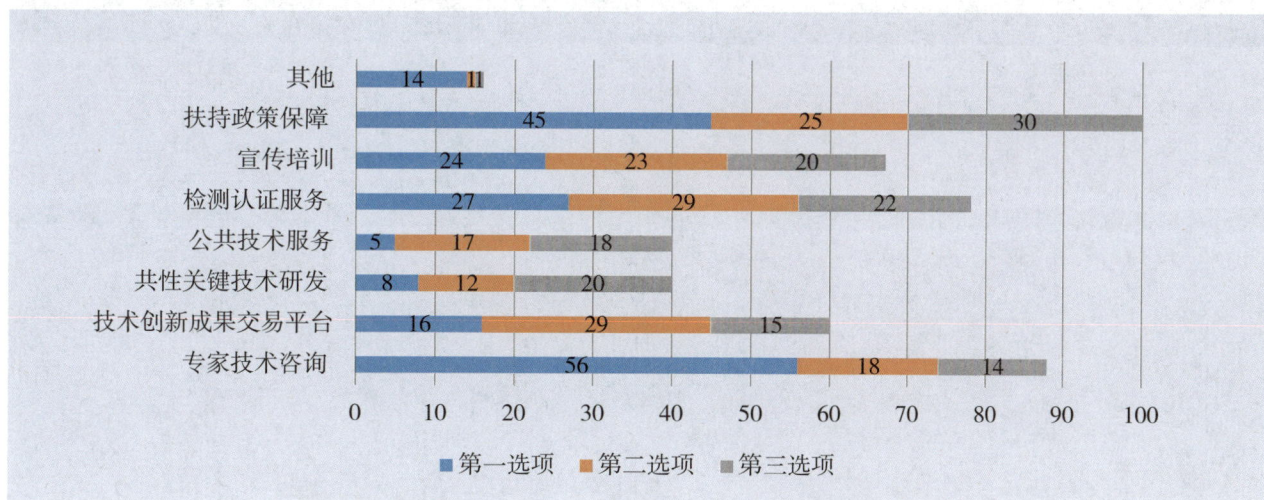

图 2-28　企业对海关部门技贸措施应对服务工作需求（单位：个）

第三章 2019 年信息通讯产品国外技术性贸易措施通报情况

一、2019 年信息通讯产品国外技术性贸易措施概况

经过调研企业以及资料研究，确定 2019 年信息通讯产品相关的 TBT 通报 122 份，其中常规通报 90 份，修订 28 份，勘误 4 份。用同样的方法进行 2018 年信息通讯产品相关的 TBT 通报筛选，2018 年相关通报是 95 份。信息通讯产品相关发布 TBT 通报数量在增加，发布相关通报的国家 / 地区也从 2018 年的 21 个，增加到了 2019 年的 35 个。

2019 年发布的信息通讯产品相关的 TBT 通报重点集中在综合、射频、安全、合格评定、环保、能效、EMC 等领域。发布相关 TBT 通报 5 份及以上的成员有：美国、加拿大、厄瓜多尔、日本、欧盟、韩国、墨西哥，具体成员列表如下所示：

表 2-14　2019 年发布信息通讯产品相关 TBT 通报成员列表　　　　　（单位：个）

序号	国家	发布通报数量
1	美国	17
2	加拿大	13
3	厄瓜多尔	9
4	日本	9
5	欧盟	7
6	墨西哥	6
7	韩国	4
8	斯威士兰	4
9	乌克兰	4
10	越南	3
11	阿根廷	3

（续表）

序号	国家	发布通报数量
12	法国	3
13	科威特	3
14	马来西亚	3
15	瑞士	3
16	泰国	3
17	智利	3
18	埃及	2
19	哥斯达黎加	2
20	圭亚那	2
21	黑山共和国	2
22	沙特阿拉伯	2
23	台澎金马单独关税区	2
24	中国	2
25	巴西	1
26	博茨瓦纳	1
27	古巴	1
28	科特迪瓦	1
29	摩尔多瓦	1
30	摩洛哥	1
31	以色列	1
32	意大利	1
33	印度尼西亚	1
34	中国澳门	1
35	中国香港	1
——	总计	122

二、2019 年主要贸易国家 / 地区技术性贸易措施简介

（一）美国

2019 年 2 月 13 日，美国通报修订能源节约计划，修订部分外部电源的节能标准相关的现行法规和外部电源的覆盖范围（通报号：G/TBT/N/USA/1438）。

2019 年 3 月 4 日，美国通报修订电器标准节能计划，修订用于消费品和商业／工业设备的新的或修订的节能标准和测试程序提案（通报号：G/TBT/N/USA/1441）。

2019 年 4 月 4 日　美国通报修订法规，为非静止卫星轨道（NGSO）、固定卫星服务（FSS）卫星系统通信的移动地球站（ESIM）建立监管框架（通报号：G/TBT/N/USA/1460）。

2019 年 4 月 24 日，美国通报能源节约计划：关于在美国能源部（DOE）测试程序中测量平均使用周期或期限的信息请求通知（通报号：G/TBT/N/USA/1473）。

2019 年 4 月 29 日，美国通报修订国家认可测试实验室（NRTL）计划相应测试标准清单和某些 NRTL 识别范围（通报号：G/TBT/N/USA/1475）。

2019 年 5 月 13 日，美国通报就修改设备授权规则以反映当前引用的 ANSI C63.4 和 ISO/IEC 17025 标准的最新版本征求意见：（1）ANSI C63.4a–2017 "美国国家标准：9 kHz 至 40 GHz 低压电气和电子设备的无线电噪声排放测量方法，修订 1：测试场地验证"；（2）ISO/IEC 17025:2017(E) "测试和校准实验室资质一般要求"（通报号：G/TBT/N/USA/1483）。

2019 年 7 月 19 日，美国通报美国联邦通信委员会提出修订航空无线电业务规则，以支持部署更先进的航空电子技术，提高有限频谱资源的有效利用，并普遍改善航空安全，涉及无线电通信（ICS 33.060），移动业务（ICS 33.070），车载设备和仪器（ICS 49.090）等产品（通报号：G/TBT/N/USA/1506）。

2019 年 7 月 19 日，美国通报修订广播式自动相关监视（ADS-B）输出设备和使用要求，该法规草案修订了所有装备有广播式自动相关监视输出设备(ADS-B 输出)的飞机必须始终传输的要求（通报号：G/TBT/N/USA/1507）。

2019 年 7 月 25 日，美国发布修订通报，通报美国联邦通信委员会拟采取措施提高记录在空白波段数据库中的固定空白波段设备数据的准确性和可靠性，并确保这些设备对受保护服务造成干扰的可能性最小化（通报号：G/TBT/N/USA/1094/Add.1）。

2019 年 10 月 11 日，美国通报美国联邦通信委员会修订移动地球站相关法规，以促进与地球静止轨道（GSO）固定卫星服务（FSS）卫星系统通信的移动地球站的部署。涉及其他飞机(如直升机、飞机)；航天器(包括卫星)以及亚轨道和航天器运载火箭(HS 8802)；电信服务应用(ICS 33.030)、电信系统(ICS 33.040)、移动服务(ICS 33.070)等（通报号：G/TBT/N/USA/1536）。

2019 年 12 月 10 日，美国通报美国能源部（DOE）提出修订其外部电源（EPS 或 EPSs）测试程序。DOE 提出在其法规中增加"商业和工业电源"的定义，以区分 EPS 和不受测试程序管制的其他非消费电源。DOE 还提出增加一个定义，以解决符合通用串行总线电源传输（USB-PD EPS）规范的自适应 EPS，并修改程序以更能代表其实际使用的方式解决测试要求。此外，修订将为测试具有多输出总线的单电压 EPS 提供更具体的说明。最后，DOE 提出重新组织测试程序，集中定义，合并普遍适用的要求，并更好地描述单电压、多电压和自适应 EPS 要求（通报号：G/TBT/N/USA/929/Rev.1）。

（二）加拿大

2019 年 1 月 30 日，加拿大通报产生干扰设备标准 ICES-003 第 6 版（修订 2）《信息技术设备（包括数字设备）—限值和测量方法》，建议在 2019 年 12 月 31 日之前确保出售、供应、制造、进口、分销或租赁的外部恒温器符合标准 ICES-003（通报号：G/TBT/N/CAN/577）。

2019 年 2 月 20 日　加拿大通报无线电标准规范 RSS-130 第 2 期，涉及 617-652 MHz，663-698 MHz，698-756 MHz 和 777-787 MHz 频段内运行的所有设备，规定了相关设备认证要求；RSS-196 第 2 期，涉及农村远程宽带系统（RRBS）（电视频道 21 至 36）中用于提供点对多点固定无线接入宽带的设备（512-608 MHz 频段运行），规定了相关设备认证要求（通报号：G/TBT/N/CAN/578）。

2019 年 3 月 21 日，加拿大通报 RSP-100 第 12 期《无线电设备和广播设备的认证》，规定了无线电设备和广播设备的认证程序（通报号：G/TBT/N/CAN/580）。

2019 年 4 月 4 日，加拿大通报无线电标准规范 RSS-181 第 2 版，涉及工作在 1605-28000 kHz 海事服务频率范围内的海岸和船舶设备，规定了工作在 1605-28000 kHz 海事服务频率范围内的设备认证要求（通报号：G/TBT/N/CAN/582）。

2019 年 4 月 4 日，加拿大通报无线电标准规范 RSS-123 第 4 版《许可的无线麦克风》，规定了选定低功率无线电设备的认证要求（通报号：G/TBT/N/CAN/583）。

2019 年 4 月 18 日，加拿大通报无线电标准规范 RSS-GEN 第 5 版（修订 1）《无线电设备合规性一般要求》，规定了除广播以外的无线电通信使用的许可和免许可无线电设备的一般要求和认证要求；RSS-246 第 1 版，涉及工作在 430-440 MHz 频段的超低功率（ULP）无线医疗胶囊内窥镜检查设备，规定了工作在 430-440 MHz 频段的免许可超低功率（ULP）无线医疗胶囊内窥镜检查设备的认证要求；RSS-HAC 第 1 版《助听器兼容性和音量控制》，规定了特定无线电设备的助听器兼容性和音量控制功能的合规性要求（通报号：G/TBT/N/CAN/584）。

2019 年 5 月 8 日，加拿大通报产生干扰设备标准 ICES-003 第 6 版《信息技术设备（包括数字设备）—限值和测量方法》，规定了信息技术设备（ITE）的标准要求，包括数字设备（通报号：G/TBT/N/CAN/586）。

2019 年 6 月 11 日，加拿大通报无线电标准规范 RSS-210 第 10 版《免许可无线电设备：I 类设备》，规定了几种免许可无线电设备的设备认证要求（通报号：G/TBT/N/CAN/589）。

2019 年 6 月 18 日，加拿大通报无线电标准规范 RSS-222 第 2 版，涉及空白频段设备（WSD），规定了在 54-72 MHz、76-88 MHz、174-216 MHz、470-608 MHz 和 657-663 MHz 频段工作的免许可无线电设备的认证要求，这些设备被称为空白频段设备（WSD）；DBS-01 第 2 版《空白频段数据库规范》，规定了指定数据库的技术要求，该数据库能够识别空白频段（即 54-72 兆赫、76-88 兆赫、174-216 兆赫、470-608 兆赫和 657-663 兆赫）中空白频段设备使用的可用信道（通报号：G/TBT/N/CAN/590）。

2019 年 8 月 12 日，加拿大通报 SPR-003 第 1 版《评估工作在 60 GHz 频段（57 GHz - 71 GHz）的便携式设备的射频暴露合规性的补充程序》，规定了工作在 60 GHz 频段（57 GHz - 71 GHz）的便携式设备的射频暴露合规性评估时应遵循的一般测试方法（通报号：G/TBT/N/CAN/596）。

2019 年 8 月 26 日，加拿大通报无线电标准规范 RSS-310 第 5 版《免许可证无线电设备：II 类设备》，规定了免认证的无线电通信（广播除外）使用的免许可证无线电设备标准要求（通报号：G/TBT/N/CAN/597）。

2019 年 9 月 16 日，加拿大通报无线电标准规范 RSS-123 第 4 版《许可无线麦克风》，规定了无线麦克风的认证要求；RSS-181 第 2 版《在海事服务频率范围 1605-28000 千赫运行的海岸和船舶电台设备》，规定了在海事服务频率范围 1605-28000 千赫运行的设备认证要求；RSP-100 第 12 版《无线电设备认证》，分别规定了符合无线电标准规范（RSS）和广播设备技术标准（BETS）的无线电设备和广播设备的认证程序（通报号：G/TBT/N/CAN/599）。

（三）欧盟

2019 年 5 月 9 日，欧盟通报欧盟委员会决议实施细则草案，修订关于短距离设备无线电频谱领域技术和市场发展的决议 2006/771/EC，该决议实施细则草案通过用新版本替换现有技术附录修订短距离设备决议，以应对技术的快速变化和新出现的短距离应用（通报号：G/TBT/N/EU/654）。

2019 年 6 月 17 日，欧盟通报欧盟委员会法规关于船用设备的设计、结构和性能要求以及撤销实施细则 (EU) 2018/773，该法规草案取代欧盟委员会法规实施细则（EU）2018/773，并使其内容适应相关国际文件的变更。船舶设备指令的目的是通过统一实施国际海事组织（IMO）主持下通过的相关国际文件来加强海上安全和防止海洋污染，该文件规定了关于船上设备的构造、性能和／或测试的具体要求，并确保此类设备在欧盟内自由移动，适用于船用设备（包括救生设备，防污染设备，消防设备，导航设备，无线电通信设备）（通报号：G/TBT/N/EU/667）。

2019 年 7 月 12 日，欧盟通报修订欧洲议会和理事会关于化学品注册、评估、授权和限制的法规 (EC) No 1907/2006（REACH）附录 XVII 关于铅及其化合物，该法规草案修订法规 (EC) No 1907/2006（REACH）附录 XVII 的条目 63。如果铅（以金属表示）的浓度等于或大于聚氯乙烯（PVC）材料的 0.1%，禁止在由氯乙烯的聚合物或共聚物生产的制品中使用铅和铅化合物，并禁止在市场上销售由 PVC 生产的制品。对于刚性和柔性回收 PVC 材料以及铅酸电池中的 PVC– 二氧化硅隔板，提供了对此限制的限时豁免（通报号：G/TBT/N/EU/668）。

2019 年 8 月 14 日，欧盟通报修订欧洲议会和理事会指令 2011/65/EU 附录 III 关于免除在某些耐辐射视频摄像管中使用镉，该指令草案涉及特定应用和 RoHS 2（指令 2011/65/EU）物质限制的临时免除（通报号：G/TBT/N/EU/675）。

2019 年 9 月 9 日，欧盟通报修订欧洲议会和理事会关于化学品注册、评估、授权和限制的法规 (EC) No 1907/2006（REACH）附件 II，修订后的附录的适用期推迟到 2022 年 12 月 31 日，以便利益相关方有足够的时间来适应和实现合规（通报号：G/TBT/N/EU/680）。

2019 年 9 月 16 日，欧盟通报修订欧洲议会和理事会关于化学品注册、评估、授权和限制的法规 (EC) No 1907/2006（REACH）附录 XVII 关于二异氰酸酯，二异氰酸酯使用限制推迟 2 年，上市限制推迟 18 个月，以便有足够的时间适应并达到法规要求（通报号：G/TBT/N/EU/681）。

2019 年 12 月 20 日，欧盟通报注册人有责任更新根据欧洲议会和理事会法规 (EC) No 1907/2006 关于化学品注册、评估、授权和限制（REACH）进行的注册的相关要求，该法规实施细则草案澄清了注册人根据 REACH 第 22 条更新其注册档案的责任（通报号：G/TBT/N/EU/695）。

（四）日本

2019 年 1 月 3 日，日本通报修订靠近人体的无线电设备法规（通报号：G/TBT/N/JPN/617）。

2019 年 1 月 31 日，日本通报修订经济产业省（METI）关于合理使用能源法案，涉及电脑（HS：84

71.30,8471.41,8471.49,8471.50），其他数字自动数据处理机（HS 84714），便携式数字自动数据处理机，重量不超过 10 千克，至少包括一个中央处理单元、一个键盘和一个显示器（HS 847130）等（通报号：G/TBT/N/JPN/619）。

2019 年 3 月 1 日，日本通报部分修订无线电设备法规，涉及无线局域网（WLAN）系统（2.4/5.2/5.3/5.6GHz 频段）：（1）允许 WLAN 系统支持 IEEE 802.11ax；（2）允许 WLAN 系统使用的信道 144；（3）修订在 5.25–5.35 GHz 频段工作的 WLAN 系统中采用的动态频率选择（DFS）雷达探测机制（通报号：G/TBT/N/JPN/621）。

2019 年 7 月 19 日，日本通报部分修订无线电法案执行法规，主要涉及本地 5G 系统法规（通报号：G/TBT/N/JPN/627）。

2019 年 10 月 3 日，日本通报部分修订无线电法案执行法规，引入新的毫米波雷达 / 传感器系统（通报号：G/TBT/N/JPN/633）。

2019 年 11 月 12 日，日本通报部分修订无线电设备法规，涉及现场拾音装置用无线电台，以便先进的 1.2/2.3GHz 波段现场拾音装置投入使用（通报号：G/TBT/N/JPN/639）。

2019 年 11 月 12 日，日本通报部分修订无线电设备法规，修订用于补充有线电视传输线的 23GHz 波段无线传输系统法规，以便 23GHz 波段无线传输系统投入使用（通报号：G/TBT/N/JPN/638）。

（五）韩国

2019 年 7 月 3 日，韩国通报《产品包装材料和包装方法标准法案执行规则部分修订草案》，规定特定电子产品，包括车载充电器、电缆、耳机、电脑鼠标和蓝牙扬声器（小型、便携、重量不超过 300 克），添加到第 4 条附件表 1 中，需遵守关于过度包装规定（通报号：G/TBT/N/KOR/844）。

2019 年 7 月 3 日，韩国通报《促进资源节约和回收法案执行法令部分修订草案》，规定特定电子产品，包括车载充电器、电缆、耳机、电脑鼠标、蓝牙扬声器等，纳入第 7 条（包装必须符合材料、方法等标准的产品）（通报号：G/TBT/N/KOR/843）。

2019 年 7 月 16 日，韩国通报《电信终端设备技术要求部分修订草案》，该标准草案规定了电信终端设备技术规范。修订了一个条款，以反映新技术的最新趋势：增加有线电视网络（同轴电缆）的电气规范，如发射机功率要求和 10Gbps 速度规范的杂波水平等（通报号：G/TBT/N/KOR/846）。

2019 年 9 月 24 日，韩国通报《电磁兼容性技术法规修订草案》，主要内容包括：采用国际标准以减轻 9 kHz 至 150 kHz 率范围内电气化铁路的电磁干扰（EMI）限制，并通过补充电磁抗扰度建立电磁敏感性（EMS）标准（第 10 条，附件 7）；为了避免由于引入信息和通信技术集成的照明设备而导致的 EMC 问题，采用国际标准和建立 EMI 限制（第 9 条，附件 6）（通报号：G/TBT/N/KOR/858）。

（六）厄瓜多尔

2019 年 4 月 11 日，厄瓜多尔通报技术法规 (RTEINEN) No.021《绝缘电缆和电气导线》第 4 版修订草案，草案规定了销售国产和进口绝缘电缆和电气导线之前须满足的要求，适用于以下产品：2000V 以下绝缘电缆和电气导线。通报的技术法规不适用于：（1）电气用绝缘电缆和导线，无论是否装有任何类型的连接器；（2）用于石油和采矿相关活动的金属护套电缆（通报号：G/TBT/N/ECU/357）。

2019 年 4 月 26 日，厄瓜多尔通报技术法规 PRTE INEN No.0831《带有支持数字电视标准 ISDB-T International 的内置调谐器的电视》的第二版修订草案，适用于电视机和电视 CKD 套件（通报号：G/TBT/N/ECU/387）。

2019 年 5 月 3 日，厄瓜多尔通报技术法规 PRTE INEN No. 117《电视机的能效》第 2 版修订草案，适用于电视机，不适用于使用 OLED、QLED、8K 技术的电视机（通报号：G/TBT/N/ECU/406）。

2019 年 5 月 14 日，厄瓜多尔通报技术法规 PRTEINEN No.098《语音和数据电缆》第 1 版修订草案，适用于以下产品：（1）同轴电缆；（2）引入电话电缆、室外安装电话电缆和交叉电话电缆；（3）室外电话电缆；（4）双绞线电缆 (UTP、STP、FTP、S-FTP)。 通报的技术法规不适用于：（1）专门为石油或采矿设施或永久及移动海上设施制造的语音和数据电缆；（2）配有连接器的短同轴电缆（所有类型）（通报号：G/TBT/N/ECU/424）。

（七）墨西哥

2019 年 1 月 9 日，墨西哥通报官方标准草案 PROY-NOM-001-SEDE-2018《电气装置投入使用》（通报号：G/TBT/N/MEX/429/Add.1）。

2019 年 2 月 25 日，墨西哥通报官方标准草案 PROY-NOM-184-SCFI-2017《使用公共电信网络销售和 / 或提供电信服务的供应商应遵守的监管要素和具体义务》（通报号：G/TBT/N/MEX/398/Add.1）。

2019 年 3 月 7 日，墨西哥通报官方标准草案 PROY-NOM-227-SCFI-2017《通过单一统一号码 911 标准化紧急呼叫服务》（通报号：G/TBT/N/MEX/450）。

2019 年 3 月 15 日，墨西哥通报官方标准草案 PROY-NOM-184-SCFI-2017《使用公共电信网络销售和 / 或提供电信服务的供应商应遵守的监管要素和具体义务》（撤销墨西哥官方标准 NOM-184-SCFI-2012）（通报号：G/TBT/N/MEX/398/Add.2）。

2019 年 8 月 5 日，墨西哥通报官方标准草案 PROY-NOM-230/2-SCFI-2018《用于点对点和点对多点多通道固定系统的微波设备—第 2 部分：运输》（通报号：G/TBT/N/MEX/455）。

2019 年 12 月 16 日，墨西哥通报官方标准草案 PROY-NOM-221/2-SCFI-2018《使用无线电频谱或连接到公共通信网络的移动终端设备技术规范—第 2 部分：在以下波段运行的移动终端设备：700 MHz、800 MHz、850 MHz、1900 MHz、1700 MHz /2100 MHz 和 / 或 2500 MHz》（通报号：G/TBT/N/MEX/426/Add.1）。

（八）乌克兰

2019 年 3 月 14 日，乌克兰通报《关于批准外部电源空载条件下电力消耗和平均有效效率生态设计要求的技术法规》内阁决议草案，2019 年 9 月 6 日生效（通报号：G/TBT/N/UKR/136/Add.1）。

2019 年 3 月 20 日，乌克兰通报《关于批准简单机顶盒生态设计要求的技术法规》阁决议草案，2019 年 9 月 15 日生效（通报号：G/TBT/N/UKR/138/Add.1）。

2019 年 4 月 24 日，乌克兰通报《关于批准无线电设备技术法规》内阁决议草案，并将于 2019 年 4 月 19 日生效。该决议取消了在决议生效前符合法律要求并于 2018 年 4 月 1 日前投放市场的无线电设备投放市场和投入运行的可能性限制。根据修订案，2019 年 12 月 31 日之前，技术法规的实施不适用于轮式车辆安装使用的无线电设备（通报号：G/TBT/N/UKR/112/Add.2）。

2019 年 11 月 4 日，乌克兰通报《关于修订 2017 年 3 月 10 日乌克兰内阁决议 No.139》内阁决议草案，该决议草案推迟限制在电气和电子设备中使用某些危险物质的免除期限，并补充电气和电子设备的某些部件和材料。制定该决议草案是为了通过对附件进行适当修订，使技术法规的规定符合欧盟指令的标准（通报号：G/TBT/N/UKR/156）。

（九）斯威士兰

2019 年 11 月 14 日，斯威士兰通报电子通信（通信设备的进口、型式核准和分配）法规 2016（通报号：G/TBT/N/SWZ/2）。

2019 年 11 月 14 日，斯威士兰通报电子通信（无线电通信和频谱）法规 2016（通报号：G/TBT/N/SWZ/4）。

2019 年 11 月 14 日，斯威士兰通报电子通信（许可）法规 2016（通报号：G/TBT/N/SWZ/5）。

2019 年 11 月 14 日，斯威士兰通报通信委员会型式核准 / 验收程序，规定了符合适用射频标准的电子通信设备认证程序（型式核准 / 验收）和标签（通报号：G/TBT/N/SWZ/3）。

（十）法国

2019 年 8 月 23 日，法国通报《在移动无线网络运营中保护法国国防和国家安全利益的法律草案》。该法律草案对涉及 5G 网络中某些无线电设备运行的任何活动引入了初步监测措施。运营商必须向总理发送授权请求（通报号：G/TBT/N/FRA/191）。

2019 年 8 月 28 日，法国通报《邮政和电子通信法典第 L34-11 条规定的无线网络设备运行初步授权程序法令》，该法律草案对涉及 5G 网络中某些无线电设备运行的任何活动引入了初步监测措施。运营商必须向总理发送授权请求。该法令规定了授权程序、授权可能附带条件的性质以及请求文件中的文件清单（通报号：G/TBT/N/FRA/192）。

2019 年 8 月 28 日，法国通报《制定邮政和电子通信法典第 L34-11 条规定的设备清单的法令》，该法律草案对涉及 5G 网络中某些无线电设备运行的任何活动引入了初步监测措施。运营商必须向总理发送授权请求。该法令颁布了需要运行授权的设备清单（通报号：G/TBT/N/FRA/193）。

（十一）瑞士

2019 年 1 月 9 日，瑞士通报了修订电信设备条例（OOIT）相关技术要求的草案（通报号：G/TBT/N/CHE/233）。

2019 年 6 月 6 日，瑞士通报了电信设备条例（OOIT）修订草案，修订了无线电接口法规相关内容（通报号：G/TBT/N/CHE/238）。

2019年9月20日，瑞士通报了电信设备条例（OOIT）修订草案，修订了无线电接口法规相关内容。根据该草案，从2022年3月17日起，手持移动电话必须安装技术解决方案，以确保在紧急通信中转移呼叫者的定位（执行2018年12月12日欧盟委员会授权法规（EU）2019/320补充欧洲议会和理事会指令2014/53/EU第3(3)(g)条中提及的基本要求，以确保移动设备紧急通信中的呼叫者定位）（通报号：G/TBT/N/CHE/239）。

（十二）阿根廷

2019年6月6日，阿根廷通报相关产品的监管框架草案，规定了所有进入阿根廷市场的用电设备必须满足的能效标签要求和主要标准，适用于以下电器：电冰箱、冷却器、冰柜及组合冰柜、电动洗衣机、电视机和电视监视器、空调、白炽灯和卤素钨丝灯、荧光灯、电微波炉、储水式电热水器、单相和三相感应电机。 文件草案第14条和附录II规定了调整和实施期限（通报号G/TBT/N/ARG/367：）。

2019年7月1日，阿根廷通报相关认证制度草案，涉及的现行认证机构、测试实验室和检验机构的认可要求（通报号：G/TBT/N/ARG/294/Add.7）。

2019年10月14日，阿根廷通报"在阿根廷销售的低压电器产品基本安全要求强制合格认证管理制度"的决议草案（通报号：G/TBT/N/ARG/297/Add.13）。

（十三）泰国

2019年4月23日，泰国通报《NBTC TS 4001-25xx（20xx）：电气安全》生效，取代NTC TS 4001-2550（2007），规定了电信终端设备电气安全最低技术要求。（通报号：G/TBT/N/THA/518/Add.1）

2019年12月17日，泰国通报《NBTC TS 1021-2562：使用甚高频（VHF）的海上移动通信服务中使用的无线电通信设备》，取代NTC TS 1021-2551，规定了用于海上移动通信服务的最低技术要求（通报号：G/TBT/N/THA/564）。

2019年12月17日，泰国通报《NBTC TS 1022-2562：使用MF/HF的海上移动通信服务中使用的无线电通信设备》，取代NTC TS 1022-2552，规定了使用MF/HF的海上移动通信服务最低技术要求（通报号：G/TBT/N/THA/565）。

（十四）马来西亚

2019年7月2日，马来西亚通报用于连接公共交换电话网（PSTN）和互联网协议（IP）网络的传统专用自动交换分机（PABX）和互联网协议（IP）专用自动交换分机（PABX）系统的技术要求（第2次修订）（通报号：G/TBT/N/MYS/92）。

2019年7月2日，马来西亚通报《数字地面电视（DTT）广播服务接收机—通用测试套件（第1次修订）》，规定了数字地面电视广播接收机的测试方法，以确保其互操作性、功能性、质量、安全和性能（通报号：G/TBT/N/MYS/93）。

2019 年 8 月 20 日，马来西亚通报《互联网协议版本 6（IPv6）—设备合规性（第 1 次修订）》，规定了符合 IPv6 的通信设备的核心技术功能、设备类别和合规性要求，并用于合规性核准（型式核准）程序。该规范包括与终端 / 主机、网络部件和网络安全部件功能相关的硬件和软件。授权设备是直接连接到服务提供商的终端 / 主机、网络部件和网络安全部件（通报号：G/TBT/N/MYS/95）。

（十五）科威特

2019 年 1 月 31 日，科威特通报《音频、视频和类似电子设备—安全要求》通报号：G/TBT/N/KWT/450）。

2019 年 1 月 31 日，科威特通报所有属于 KWS IEC 60335-1：2019 范围的产品家庭和类似用途电器—安全—第 1 部分—一般要求（通报号：G/TBT/N/KWT/452）。

2019 年 1 月 31 日，科威特通报所有属于 KWS IEC 60950-1：2019 范围的产品信息技术设备—安全—第 1 部分：一般要求（通报号：G/TBT/N/KWT/462）。

（十六）智利

2019 年 2 月 20 日，智利修订通报，插头适配器认证程序相关协议 2019 年 10 月 31 日生效（通报号：G/TBT/N/CHL/456/Add.1）。

2019 年 7 月 15 日，智利通报用于计算机（笔记本电脑和台式机）和平板电脑等产品的外部电源的认证程序（通报号：G/TBT/N/CHL/487）。

（十七）埃及

2019 年 2 月 14 日，埃及通报增加电话机等产品进口管控清单，只允许在埃及进出口监管总局（GOEIC）注册的生产厂、拥有商标的公司或分销中心的产品进入埃及（通报号：G/TBT/N/EGY/114/Add.1）。

2019 年 5 月 15 日，埃及通报给予生产商和进口商 6 个月的过渡期，以遵守埃及标准 ES 7993 "电视机能效"部颁法令 No.243/2016 实施要求（通报号：G/TBT/N/EGY/156/Add.3）。

（十八）黑山共和国

2019 年 7 月 22 日，黑山共和国通报在某些电压限制内使用的电气设备规则手册，规定了低压电气设备必须满足的基本要求、合格推定、合格评定程序以及标志（通报号：G/TBT/N/MNE/11）。

2019 年 7 月 22 日，黑山共和国通报电磁兼容性规则手册，规定了投放市场和 / 或投入使用的设备必须满足的电磁兼容性要求、合格推定、合格评定程序、合格标志以及指定合格评定机构要求（通报号：G/TBT/N/MNE/9）。

（十九）越南

2019 年 3 月 25 日，越南通报关于数字蜂窝电信系统移动终端和辅助设备电磁兼容性的国家技术法规草案，该国家技术法规草案规定了在移动网络上运行的用户设备（UE）和辅助设备的 EMC 技术要求，不包括与天线端口和无线电设备外壳端口发射有关的技术要求，旨在取代目前的 GSM、WCDMA、E-UTRA、LTE 用户设备和辅助设备的国家技术标准（QCVN 86：2015 / BTTTT 和 QCVN 18：2014 / BTTTT）（通报号：G/TBT/N/VNM/138）。

2019 年 3 月 25 日，越南通报越南信息通信部负责管理的潜在不安全产品清单，该草案规定了信息通信部潜在的不安全产品和货物管理责任清单，该清单符合《产品和货物质量法》。产品和货物清单分为两个子清单，并在附件 I 和附件 II 中详细说明（通报号：G/TBT/N/VNM/139）。

（二十）哥斯达黎加

2019 年 1 月 28 日，哥斯达黎加通报了技术法规 (RTCR) No. 497:2018: 电气辅件。适用于 1000V 以下的配电盘和热磁断路器、通用开关、插座、插头和电线连接器（通报号：G/TBT/N/CRI/184）。

2019 年 2 月 5 日，哥斯达黎加通报修订国家电气规范（通报号：G/TBT/N/CRI/122/Add.3）。

（二十一）圭亚那

2019 年 10 月 25 日，圭亚那通报附件插头和插座 GYS 533（UL 498）的要求，包括结构、性能和标志要求（通报号：G/TBT/N/GUY/36）。

2019 年 10 月 25 日，圭亚那通报与铝线一起使用的插座和开关 GYS 546（UL 1567）的要求，包括结构、性能和标志要求（通报号：G/TBT/N/GUY/48）。

（二十二）古巴

2019 年 3 月 15 日，古巴通报关于电信 /ICT 设备型式核准的法规决议草案，以便进口、制造或销售的设备确保公共电信 /ICT 网络的正常运转、用户安全和无线电频谱的合理和有效使用，并防止干扰其他电信服务。该法规适用于包含在所示关税税目和子税目中的产品（通报号：G/TBT/N/CUB/20）。

（二十三）巴西

2019 年 11 月 11 日，巴西通报为巴西 2019 年 10 月 23 日决议 No.715，为巴西电信产品的新的合格评定框架确定总路线（通报号：G/TBT/N/BRA/933）。

（二十四）博茨瓦纳

2019 年 5 月 10 日，博茨瓦纳通报《家用和类似用途电器—安全—第 2-29 部分：电池充电器的特殊要求》草案，该草案包括 IEC 60335 涉及输出不超过 250 伏无纹波直流、额定电压不超过 250 伏的家用和类似用途的蓄电池充电器的安全性。 在 IEC 60335 系列标准范围之外的家庭终端应用中为电池充电的电池充电器属于该标准的范围。附件 AA 中给出了 8 岁以上儿童无须监督使用电池充电器的要求。不适合一般家庭使用但可能对公众造成危险的电池充电器，如在车库、商店、轻工业和农场中使用的电池充电器，属于该标准的范围（通报号：G/TBT/N/BWA/109）。

（二十五）科特迪瓦

2019 年 10 月 9 日，科特迪瓦通报禁止进口和销售模拟电视机和模拟终端设备，以及不符合广播和压缩标准的设备的法令草案（通报号：G/TBT/N/CIV/12）。

（二十六）摩尔多瓦

2019 年 9 月 16 日，摩尔多瓦通报批准关于技术法规活动的法案 No. 420/2006 修订草案，制定本政府决议草案的目的是根据世界贸易组织贸易技术壁垒协定（TBT 协定）的规定调整国家技术法规活动（通报号：G/TBT/N/MDA/53）。

（二十七）沙特阿拉伯

2019 年 3 月 5 日，沙特阿拉伯通报 AM/FM/T–DAB + 无线电数字和模拟广播接收机技术规范（通报号：G/TBT/N/SAU/1103）。

（二十八）摩洛哥

2019 年 12 月 18 日，摩洛哥通报除食品和药品外的进口工业产品合格检验草案。
批准的合格评定机构被授权对工业产品的合格性进行如下评估：
—在摩洛哥境内对以下产品进行合格评定：
- 汽车零件：轮胎、电池、刹车蹄、车窗、过滤元件、机械控制电缆
- 建筑产品：瓷砖、水泥、防水板、卫生产品、水龙头、旋塞和阀门、塑料管
- 木板
- 燃气器具：燃气加热器具、燃气热水器
- 线材和钢筋
- 职业服装以外的服装
- 电气产品：移动电话充电器、断路器

- 毛毯、地毯和室内装饰织物
- 婴儿纸巾（尿布）

—所有其他工业产品的合格评定将在出口国进行

（通报号：G/TBT/N/MAR/28）。

（二十九）以色列

2019 年 7 月 11 日，以色列通报 SI 900 第 2.29 部分—家用和类似用途电器—安全：电池充电器的特殊要求，该要求属于强制要求（通报号：G/TBT/N/ISR/1053）。

（三十）意大利

2019 年 8 月 23 日，意大利通报 ICT 采购安全相关草案，该草案旨在验证当前采购流程的安全级别，并且可能在不过度增加流程复杂性和执行流程所需工作的情况下提高级别（通报号：G/TBT/N/ITA/35）。

（三十一）印度尼西亚

2019 年 3 月 5 日，印度尼西亚通报该国能源和矿产资源部法令 No. 2/2018，强制执行印尼电力部门国家标准，该法令规定所有生产、进口和交易微型断路器（MCB）、漏电断路器（RCCB）、开关、插头和插座、灯控制装置、灯具、风扇产品的工业企业应满足 SNI 要求（通报号：G/TBT/N/IDN/121）。

第四章　中国信息通讯产品应对国外技术性贸易措施建议

一、完善工作机制体系

海关部门作为技贸措施应对的主管部门，应主动作为，牵头承担技贸措施工作部际联席会议，强化技贸措施工作管理制度设计，统筹协调技贸措施工作及征集对外议题，加强国际合作交流，加大多双边及自贸协定谈判力度，推动产业和企业走出去；直属关层面建议单独设立技贸措施应对专职部门，加强国外技贸措施跟踪、研判、预警等信息服务，强化检测认证、技术指导等技术帮扶，加大国外重大技贸措施应对，推动实现工作重心下移、应对力量下沉、管理资源下投，提高应对工作效能。

同时应加强应对工作协同。加快打造"海关部门主导、地方部门配合、行业协会带动、龙头企业引领"的技贸措施应对工作模式，形成"横向协调，纵向联动，中心辐射"工作机制提请国务院协调相关部委加大技贸应对工作力度，调动地方政府部门技贸应对积极性。

二、加强通报评议及对外交涉

了解或者参与过海关组织的技贸相关工作的企业85.07%认为海关相关技贸工作对企业有帮助，认为通报评议对企业有帮助的占49.25%，认为特别贸易关注对企业有帮助的占34.33%，认为多、双边谈判对企业有帮助的占32.84%。国外技贸通报日益增多、技术标准更趋严格，产品范围波及广泛，受制于技贸科技支撑不强、经费投入不足、专业人才培养不够、应对合力尚未形成等问题，国外通报的有效评议率并不高，大量技贸措施未经评议便实施。应提高规则运用能力，合理利用规则，将损失防患于未然。

三、优化公共服务工作

调查显示企业在应对国外技贸措施方面也希望获得更多的专家技术咨询、公共技术服务等专业性较强的服务。然而，我国技贸措施应对信息情报工作存在着明显不足。建议逐步建立信息通讯产品技贸措施工作的信息平台、培训平台和应对平台。组织开展产品出口贸易及目标市场技贸措施变化动态跟踪和监测，对可能发生的贸易保护措施进行及时准确的预警，为政府决策提供技术支撑，为企业特别是中小企业提供针对性技贸措施应对服务。具体而言，包括：提供技术法规、标准和合格评定信息服务；提供贸易协定信息服务；提供企业利益诉求渠道；组织开展宣贯培训。

四、强化反制措施研究应用

聚焦中外贸易摩擦等非常规贸易冲突，合规应用技贸措施进行反制：充分利用部际联席会议制度，强化决策共治，完善我国技贸措施法规体系；建立技贸措施反制措施研发智库团队，组建由熟悉国际法、TBT 协定以及行业发展的技术专家、标准专家组成智库团队；丰富技贸措施运用方式，加大技贸措施在检验、检疫、鉴定制度方面得到合理、有节的应用，实施我国进出口监管技贸措施。

五、加大工作宣传力度，提高企业重视度

根据调查显示，仅 9.5% 的企业有参加过技贸措施评议和应对工作，66.5% 的企业（含未填写）不了解也未曾参加相关工作。在参加的企业中，63.16% 为 4 亿元及以上规模的大型企业。这表明，企业对技贸措施的认识水平和重视程度极不均衡，行业龙头相对关注国外技贸措施实施动态，能够主动参与应对工作；大部分中小企业应对意识淡薄。针对上述情况，海关部门应当加大对上述工作的宣传力度，积极引导更多的企业参与进来，提高企业重视度，提升企业主体应对意识，形成更为密切的协同应对的工作局面。

六、通过"组合拳"方式为企业提供技贸服务

经调查，在企业对海关技贸措施应对服务工作需求方面，企业对扶持政策保障等更为具体的政策性服务需求最为迫切。建议将技贸工作与海关传统税政、加贸等工作有机结合，根据企业具体需求出台

"组合拳"式的政策帮扶、保障，一来能更积极的调动企业参与技贸工作的积极性，也能更好的落实海关业务融合过程中技贸职能发挥的有效性。

七、延长信息通讯产品技贸措施的研究链条

当今世界面临大的变局，全球保护主义、单边主义抬头，自由贸易受到冲击，我国遭遇到的贸易摩擦越来越多。尤其去年以来，一些国家以国家安全为由对我国企业施压，我国企业开始艰难换"芯"之路，更是暴露了我国产业蓬勃发展下的隐患。因此，相关技贸措施研究应不仅仅聚焦于终端产品，建议拓展信息通讯产业链技贸措施的研究链条，为我国信息通讯产业战略布局提供信息支撑。

八、重视技贸应对人才培养

技贸措施涉及的专业要求高、政策性强，熟练应用 WTO 规则才能一定程度上降低出口企业在遭受技贸措施影响的损失，而我国真正懂得 WTO 规则的专家还比较缺乏，在面对技贸措施时，运用 WTO 规则积极应诉能力有待加强。因此海关等部门应更加强人才的培养，通过各种方式培养出更多熟悉国际贸易、专业知识，并且精通 WTO 规则的人才，能够利用 WTO 争端解决机制来积极争取权利，在充分履行相关义务的前提下，维护好出口企业的合法权益。

九、建立与国际接轨的认证体系

针对我国信息通讯产品出口大国之一的地位，为减少出口产品遭受国外技贸措施影响的损失，我们应尽快争取构建与国际接轨的认证体系，将卫生、安全、环保、健康等保护消费者利益方面的重要问题，作为贸易认证体系建设的关键点，以获得欧盟、美国、日本等主要贸易对象的认可，为我国信息通讯企业减少大量的人力、物力以及高额的检测费用。

第三篇

欧盟技术性贸易措施对中国农食产品出口影响研究报告（2020）

　　我国是传统的农食产品生产大国，农食产品对外贸易在国民经济中占有重要地位。近年来，随着经济全球化逐步深入，贸易透明度不断提高，各国政府为了保护本国的农食产业，阻止别国农食产品对其市场的冲击，采取较为隐蔽的限制措施，即以标准、技术法规、合格评定程序以及动植物卫生和食品安全措施为主要表现形式的技术性贸易措施。各进口国技术性贸易措施的实施给我国出口农食产品带来不利影响，表现为出口成本增加、出口市场变化、出口产品遭遇扣留或召回等，不仅造成经济损失，也严重损害了中国出口企业的信誉和国家形象。因此，分析各国技术性贸易措施的实施动向，有助于提高政府和企业应对农食产品技术性贸易措施的针对性和有效性，保证中国在激烈的国际竞争中立于不败之地，争取更为广阔的国际市场。

　　为充分了解国外技术性贸易措施对我国输欧农食产品的影响情况，帮助输欧农食产品企业更好地跨越国外技术性贸易壁垒，海关总署在全国范围内组织了2019年技术性贸易措施对我国输欧农食产品出口影响的专项调查。专项调查采取问卷调查形式，在全国相关输欧农食产品企业中随机抽取样本企业500家，调查共收到有效问卷500份，回收率达100%。经过对调查结果的统计分析，2019年52.6%的输欧农食产品企业遭受到了国外技术性贸易措施的影响。

第一章　出口农食产品行业情况

一、我国出口农食产品基本情况

我国是农食产品生产和出口大国。近年来，我国农食产品出口稳中有升，2006 年 –2011 年，由于国际市场需求变化、进口国家贸易壁垒加严、货币汇率不稳定等因素影响，我国农食产品出口额出现较大程度的波动。2012 年 –2019 年，随着国际新兴市场的开拓，我国农食产品出口额逐年增加，表 3–1 为近三年我国出口农食产品贸易情况，2019 年我国农食产品出口额达 685.61 亿美元，同比增加 –0.23%。图 3–1 为 2019 年我国出口农食产品主要贸易国家地区情况，出口欧盟农食产品在我国整体出口食品贸易中占据很重要的一部分。

表 3-1　近三年我国出口农食产品贸易情况

年份	出口额（亿美元）	较上一年同比	出口量（万吨）	较上一年同比
2019	685.61	–0.23%	3472.36	5.86%
2018	687.22	6.37%	3280.04	9.43%
2017	646.06	–	2997.25	–

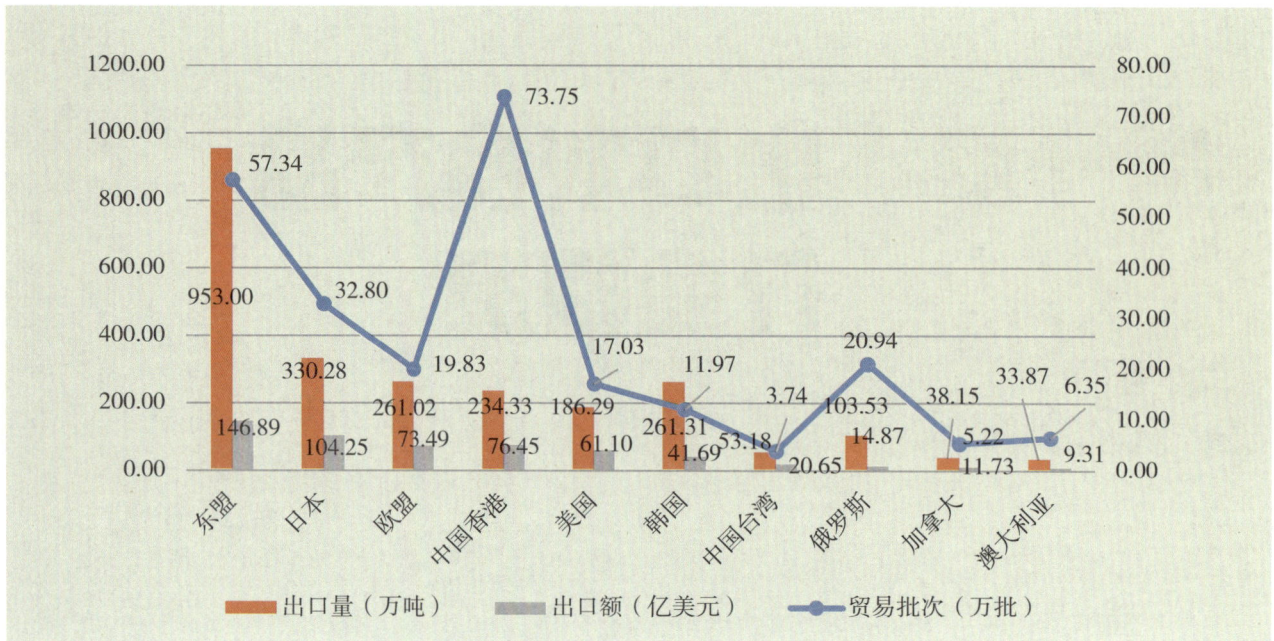

图 3-1　2019 年我国出口农食产品主要贸易国家地区

二、2019 年我国输欧农食产品贸易情况

2019 年，我国输欧农食产品 261.02 万吨，金额 73.49 亿美元。具体出口欧盟各国贸易情况详见图 3–2.

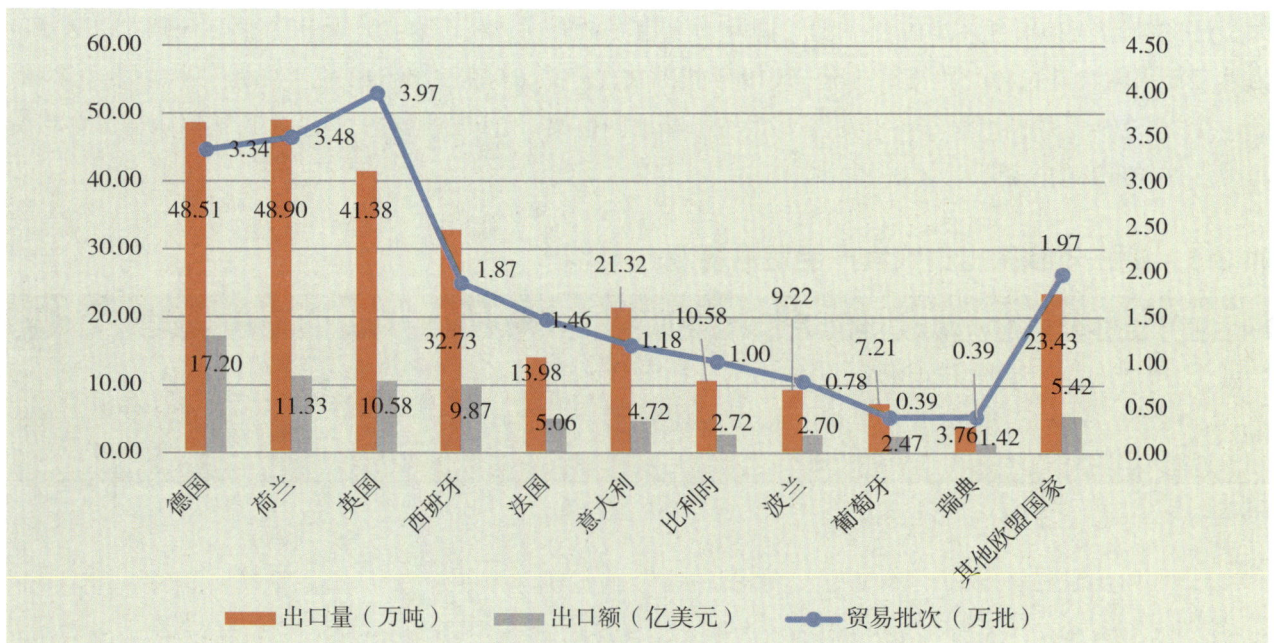

图 3-2　2019 年我国输欧农食产品贸易情况

三、制约我国农食产品出口发展的主要因素

（一）农食产品出口竞争力明显降低

近年来，国内劳动力成本和蔬菜及制品原料成本持续上涨。农食产品出口企业是劳动力密集型企业，所用人工量较大，工人工资上涨导致人力成本大幅上升。以青岛地区为例，农食产品企业工人工资平均 3000 元左右，且随着城镇年轻人外出务工，企业招工越来越难，目前农食产品出口企业工人基本以中老年人为主，这类工人接受培训能力差，标准质量意识淡薄，人员流动性大，增加了农食产品企业管理难度。另外，土地承包成本的上涨进一步挤压了出口企业的利润空间。我国出口农食产品的低成本优势正在消失，而泰国、越南、印度等更具成本优势的新兴农食产品出口国家的出口量也呈上升趋势，成为我国出口农食产品的重要竞争对手。

（二）进口国实行技术贸易壁垒

目前进口国对农食产品质量要求日趋严格，我国农食产品出口风险进一步加大。特别是欧盟、日本、韩国市场对进口农产品质量要求更加严格。国际市场上部分国家贸易壁垒政策的实施迫使我国农食产品出口在不同程度上转向了其他一些质量要求相对宽松的国家的市场。与此同时，出口农食产品面临更加严格的检疫风险，如韩国对洋葱、生姜等蔬菜及制品严格检疫查验，捎带土壤即判定为不合格，由此导致大量洋葱、生姜被通报、退运。此外，美国对生姜带土问题、我国台湾省对新鲜白萝卜蚜虫、印尼新西兰对大蒜携带线虫、葱蝇问题都给予高度关注。目前有 21 个国家要求大蒜植检证附加声明无检疫性有害生物，46 个国家要求出具熏蒸证书。

（三）农食产品品牌难以走出国门

目前，我国大部分农食产品出口企业的实力和规模不大，大多为小型家庭企业，沿用传统的家族式管理模式。部分企业无品管人员，甚至缺少专业的车间主任，个别企业仅仅依靠客户驻厂指导生产。企业管理人员标准意识不足，能力欠缺，致使我国农食产品生产链和国外市场分销渠道等方面缺乏竞争力，大量企业长期被压在产业链最低端，受制于人。我国农食产品出口多为原料性产品，更多利润被国外品牌商赚取。

（四）地方政府对农食产品出口企业的扶持政策措施有限

中小出口农食产品企业受资金短缺制约，难以进行产业结构升级。外来投资者由于对本地政策及投资环境的不熟悉，其企业在农食产品种植备案基地的建设中往往难以得到地方政府的有利支持，面临诸多困难，企业利益受到一定程度的影响。此外，农食产品加工业缺乏政府统一的指导、管理、规划和协调，导致产业内部协调性变差，使整个农食产品行业的整体竞争力下降。

第二章 输欧农食产品遭遇技术性贸易措施影响调查分析

本次国外技术性贸易措施对我国出口欧盟农食产品出口影响的专项调查采取问卷调查形式，在全国相关输欧农食产品企业中随机抽取样本企业 500 家，调查共收到有效问卷 500 份，回收率达 100%。经过对调查结果的统计分析，2019 年 52.6% 的输欧农食产品企业遭受到了国外技术性贸易措施的影响。

一、出口贸易损失分析

（一）贸易损失形式分析：丧失订单是贸易损失的最主要形式

输欧农食产品贸易损失共涵盖丧失订单、扣留货物、销毁货物、退回货物、口岸处理、改变用途、降级处理、其他 8 种指标形式。参与调查的 500 家企业分别来自北京、河北、山东等 23 个省、自治区、直辖市。从遭受贸易损失个数来看，排在前 5 位的分别是山东省（110 个，占比全国受影响总个数 18.97%，下同）、浙江（74，12.76%）、辽宁（69，11.90%）福建（66，11.38%）、江苏（62，10.69%），详见表 3-2。

从损失指标形式具体内容看，其他排在第 1 位，占比 30.69%；第 2 位的是丧失订单，占比 28.10%；第 3 位是退回货物，占比 16.21%；第 4 位是降级处理，占比 10.52%；第 5 位是扣留货物，占比 4.31%；详见图 3-3。

表 3-2 不同省份农产品出口欧盟遭受损失的主要形式   （单位：个）

各省市	损失形式								
	丧失订单	扣留货物	销毁货物	退回货物	口岸处理	改变用途	降级处理	其他	合计
北京	1	0	0	3	0	1	1	1	7
河北	2	0	0	1	0	1	3	6	13
内蒙古	1	0	0	0	0	0	1	1	3
辽宁	16	2	2	12	1	1	7	28	69
吉林	1	0	0	0	0	0	0	9	10
上海	6	4	2	5	2	2	5	10	36
江苏	22	2	1	8	4	1	4	20	62
浙江	20	3	1	13	5	0	7	25	74
安徽	2	0	1	1	0	0	1	3	8
福建	16	5	8	11	5	1	7	13	66
江西	1	0	0	0	1	0	0	1	3
山东	45	4	2	20	2	3	13	21	110
河南	2	1	1	1	2	1	3	2	13
湖北	6	0	0	4	0	0	3	6	19
湖南	3	0	1	2	1	0	0	3	10
广东	9	2	2	7	0	0	1	14	35
广西	1	1	1	2	1	0	1	2	10
四川	1	0	0	1	0	0	0	2	4
重庆	1	0	0	0	0	0	0	1	2
黑龙江	0	0	0	0	0	0	0	5	5
海南	1	0	0	0	0	0	0	1	3
天津	6	1	1	3	0	0	3	4	18
山西	0	0	0	0	0	0	0	0	0
总计	163	25	23	94	24	12	61	178	580

（二）企业直接损失分析：大型企业占比大，山东直接损失最多

在贸易伤害给企业造成直接损失的分析中，分别选取企业丧失订单、出口货物被退回、出口货物在境外改变用途，以及其他4种形式为指标，分析其给企业直接造成损失情况，并对比大型企业和小型企业遭受上述直接损失的差异。从总体数据看，丧失订单给输欧农食企业造成直接损失61135.46万元，占比直接损失总额78.45%；退回货物给企业造成直接损失6497.52万元，占比直接损失总额8.34%；改变用途给企业造成直接损失1592.8万元，占比直接损失总额2.04%；其他给企业造成直接损失8701.245万元，占比直接损失总额11.17%。从企业类型看，丧失订单给不同企业造成的直接损失不同；给大型企业造成的直接损失占比直接损失总额78.27，给小型企业造成直接损失占比直接损失总额仅为84.06%；

同样，改变用途给小型企业造成的影响远大于给大型企业造成的影响，改变用途直接损失占比小企业直接损失总额 15.94%，而大型企业丧失订单仅占比直接损失总额 1.58%；详见表 3-3 和图 3-4。

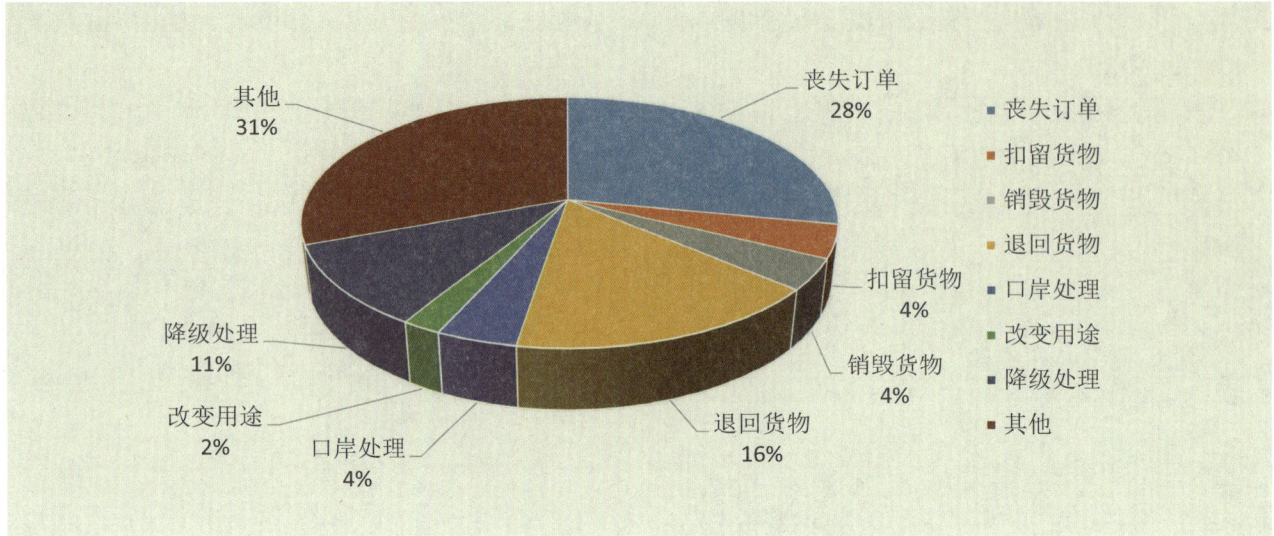

图 3-3 遭受国外技术性贸易措施损失的形式

表 3-3 不同规模企业遭受国外技术性贸易措施损失额 （单位：万元）

规模	损失形式				
	丧失订单	退回货物	改变用途	其他	总计
大型企业	59025.46	6497.52	1192.8	8701.245	75417.025
小型企业	2110	0	400	0	2510
总计	61135.46	6497.52	1592.8	8701.245	77927.025

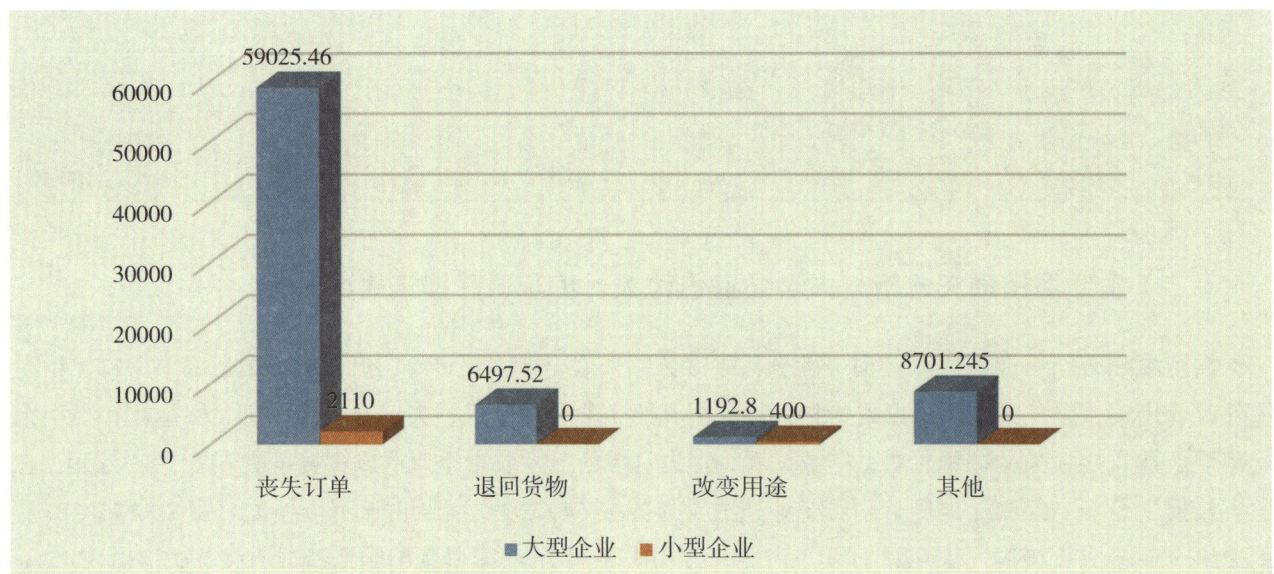

图 3-4 不同规模企业遭受国外技术性贸易措施损失额 （单位：万元）

　　由于各地区输欧农食企业生产水平、出口产品结构、出口目标市场不尽相同，所以各地区因国外技术性贸易措施而遭受的直接损失情况也有所不同。由表3-4可以看出，不同地区输欧农食出口企业的直接损失额存在很大差别。山东遭受的直接损失额达19226.5万元，占全国直接损失总额的24.67%，其后依次为浙江17101.3万元、江苏11584.52万元、福建6911.425万元、辽宁5498.02万元，占比全国直接损失总额分别为21.95%、14.87%、8.87%和7.06%。

　　从损失形式指标来看，浙江、江苏、山东、福建受丧失订单的损失影响较大；山东、福建、江苏受退货影响也不容忽视；而作为输欧农食大省的山东则同时受改变用途、丧失订单、退回货物影响，详见表3-4。

表3-4　企业遭受国外技术性贸易措施损失额地域分布表　　　　（单位：万元）

所属省	损失形式				
	改变用途	其他	丧失订单	退回货物	总计
北京	0	105	0	130	235
河北	7	0	1570	297	1874
内蒙古	2	1.5	0	0	3.5
辽宁	148	1115.5	3703.12	531.4	5498.02
吉林	0	0	200	0	200
上海	73.8	122	3961	704	4860.8
江苏	0	451.3	10392	741.22	11584.52
浙江	472	185	15877	567.3	17101.3
安徽	0	0	1480	3.1	1483.1
福建	50	406.445	5620.48	834.5	6911.425
江西	0	0	1000	100	1100
山东	450	6654.5	10164	1958	19226.5
河南	60	0	560	0	620
湖北	0	50	1371.86	56	1477.86
湖南	0	0	1718	342	2060
广东	0	10	2437	595.5	3042.5
广西	0	0	0	13	13
四川	0	0	10	0	10
重庆	0	0	100	0	100
黑龙江	0	0	0	0	0
海南	25	0	20	25	70
天津	5	0	401	49.5	455.5
山西	0	0	0	0	0
总计	1292.8	9101.245	60585.46	6947.52	77927.025

（三）企业新增成本分析：升级改造支出占比增大

本报告中"新增成本"是指企业为适应国外技术性贸易措施而在采购生产、出口处理及进口通关等环节上产生的成本。包括 2019 年因此新增加的技术改造、包装及标签更换、认证（含迎检过程中发生的各项费用）、检验、检疫以及相关手续费等。

表 3–5 和图 3–5 可以看出，小型企业新增成本额为 245 万元，企业检验占比 58.37%；大型企业新增成本额为 48204.772 万元，企业升级改造占比 66.13%；仅次于升级改造，位居第二的项目是"检验"，占比新增成本 15.29%；相比小型企业中"检验"，占比新增成本总额 58.37%，体现出不同规模企业在应对国外技术性贸易措施时的需求与做法也不尽相同，除升级改造外，帮扶小型企业取得相应认证是打开国外市场的精准策略之一。

表 3-5　不同规模企业新增成本额 （单位：万元）

规模	新增原因				
	检验	其他	认证	升级改造	总计
大型企业	7372.649	2117.035	6838.048	31877.04	48204.772
小型企业	143	10	32	60	245
总计	7515.649	2127.035	6870.048	31937.04	48449.772

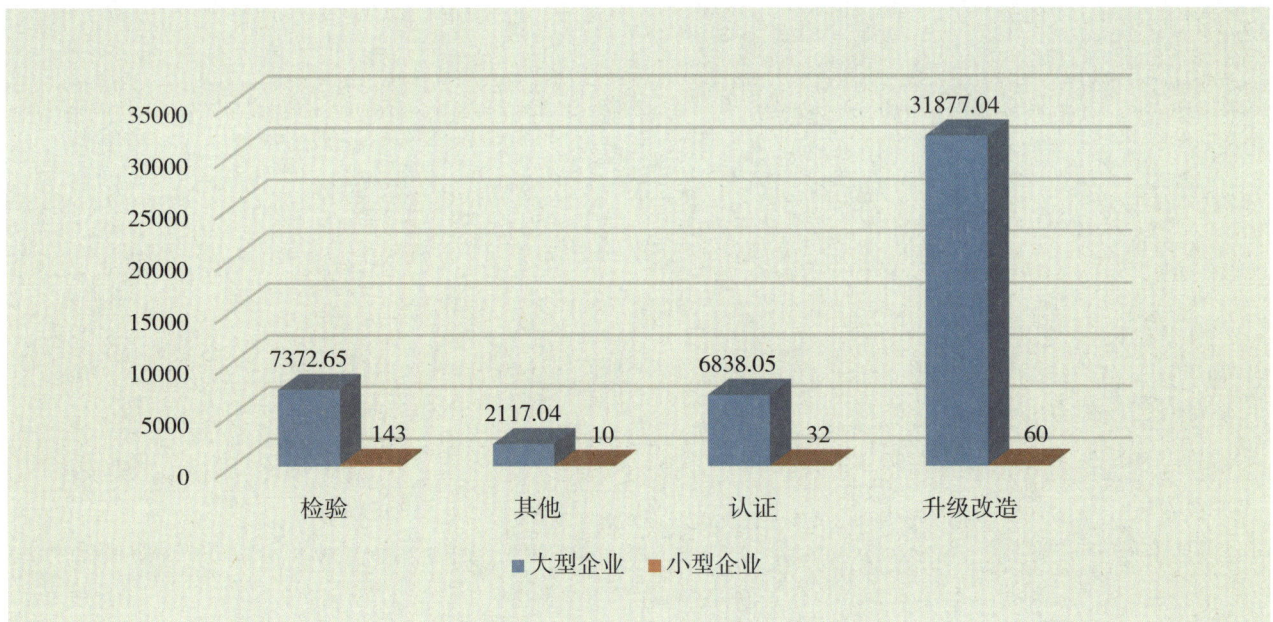

图 3-5　不同规模企业新增成本额 （单位：万元）

表 3–6 显示了不同地区输欧农食出口企业新增成本情况，各地区有很大的差异。其中山东最多，在全国新增成本额中占比 16.77%。其次为安徽、辽宁、浙江、福建，分别占比 16.46%、12.11%、8.53% 和 5.87%。五者之和约占全国新增成本额的 59.74%。从新增成本具体原因看，升级改造是主要原因，占比 65.79%；新增检验成本占比 15.22%。

表 3-6 不同地区蔬菜及制品出口企业新增成本情况 （单位：万元）

所属省	新增原因				
	检验	其他	认证	升级改造	总计
北京	100	0.035	3	0	103.035
河北	24.5	0	10	0	34.5
内蒙古	0	0	2.5	1300	1302.5
辽宁	230.12	100	637.4	4899	5866.52
吉林	22	0	28	90	140
上海	292.8	12	213	1180	1697.8
江苏	965.5	357	2511.5	2108	5942
浙江	618.3	619	398	2498	4133.3
安徽	679.22	0	375.95	6918.77	7973.94
福建	510.739	1200	517.948	615	2843.687
江西	93	0	52	0	145
山东	1663.6	62	851.85	5548.27	8125.72
河南	10.5	0	50.8	1260	1321.3
湖北	358	0	121	220	699
湖南	470.15	0	423	1100	1993.15
广东	272.4	2	324	820	1418.4
广西	90	0	90	3200	3380
四川	0	10	0	0	10
重庆	14.5	0	102.4	0	116.9
黑龙江	0	0	0	0	0
海南	820	0	80	100	1000
天津	137.32	0	45.7	20	203.02
山西	0	0	0	0	0
总计	7372.649	2362.035	6838.048	31877.04	48449.772

二、企业遭遇措施情况分析

（一）措施类型分析：企业遭遇认证要求最多

从表 3-7 和图 3-6 可以看出，出口食品农产品去往美国、欧盟、日本、韩国、加拿大、澳大利亚和新西兰等主要国家或地区的企业遭遇较多的技术性贸易措施依次是：认证要求，占比 11.78%；食品中农兽药残留限量要求，占比 10.18%；食品微生物指标要求，占比 10.07%；食品中重金属的限量要求，占比 9.29%；食品过敏原要求，占比 8.32%。以上五者之和，占比达 49.63%。

具体到输往欧盟方面，企业遭遇前五位的技术性贸易措施依次是认证要求，占比 13.35%；食品中农兽药残留限量要求，占比 10.97%；食品微生物指标要求，占比 9.63%；食品中重金属的限量要求，占比 9.33；食品过敏原要求，占比 8.64%。

表 3-7　出口到不同国家或地区遭遇不同技术性贸易措施影响的企业数 （单位：个）

技术性贸易措施的种类	美国	欧盟	日本	韩国	加拿大	澳大利亚/新西兰	其他	合计
加工厂、仓库等加工储存设施的注册备案要求	120	154	45	37	43	17	19	435
植物病虫害、杂草方面的要求	38	76	25	14	22	16	13	204
食品中农兽药残留限量要求	118	221	76	41	47	37	20	560
食品微生物指标要求	131	194	66	47	59	43	14	554
食品添加剂要求	92	153	45	34	41	29	16	410
食品中重金属的限量要求	102	188	66	40	57	39	19	511
生物毒素要求	40	73	27	19	22	23	10	214
食品接触材料的要求	84	144	43	24	38	30	11	374
食品标签要求	95	148	49	36	40	29	15	412
食品过敏原要求	117	174	44	27	48	38	10	458
木质包装的要求	83	113	28	22	38	33	9	326
认证要求	160	269	53	41	57	38	30	648
规格外型的要求	47	75	32	20	31	19	11	235
其他	29	33	13	9	14	9	55	162
合计	1256	2015	612	411	557	400	252	5503

图 3-7 反映了我国出口食品农产品在不同国家或地区遭遇技术性贸易措施累计数的占比情况。欧盟、美国、日本出台的技术性贸易措施涉及面最广，影响度最高。三个国家或地区技术性贸易措施影响的受调查企业占受影响企业总数的 70.56%，其中欧盟占 36.62%，远远领先于美国的 22.82% 和日本的 11.12%。

表 3-8 是不同地区被调查企业遭受欧盟各种技术性贸易措施的累计数。由于中国各地区出口的产品结构、生产技术水平不同，其所遭受的国外技术性贸易措施主要类型也存在差异。

在被调查的企业当中，山东农食产品出口企业受技术性贸易措施影响的次数位居全国第一。制约山东出口企业出口的主要是食品微生物指标要求 201 次、认证要求 195 次、食品过敏原要求 173 次。其中冷冻水产品受影响最大，占比 37.49%。

辽宁农食产品出口企业受技术性贸易措施影响的次数位居第二，影响辽宁出口企业出口的主要是认证要求 91 次、食品中重金属的限量要求 56 次、食品微生物指标要求 54 次。其中冷冻水产品受影响最大，占比 63.39%。

　　福建农食产品出口企业受技术性贸易措施影响的次数位居第三，主要受食品中农兽药残留限量要求76次、食品中重金属的限量要求65次、食品微生物指标要求61次等影响。其中蔬菜制品受影响最大，占比38.24%。

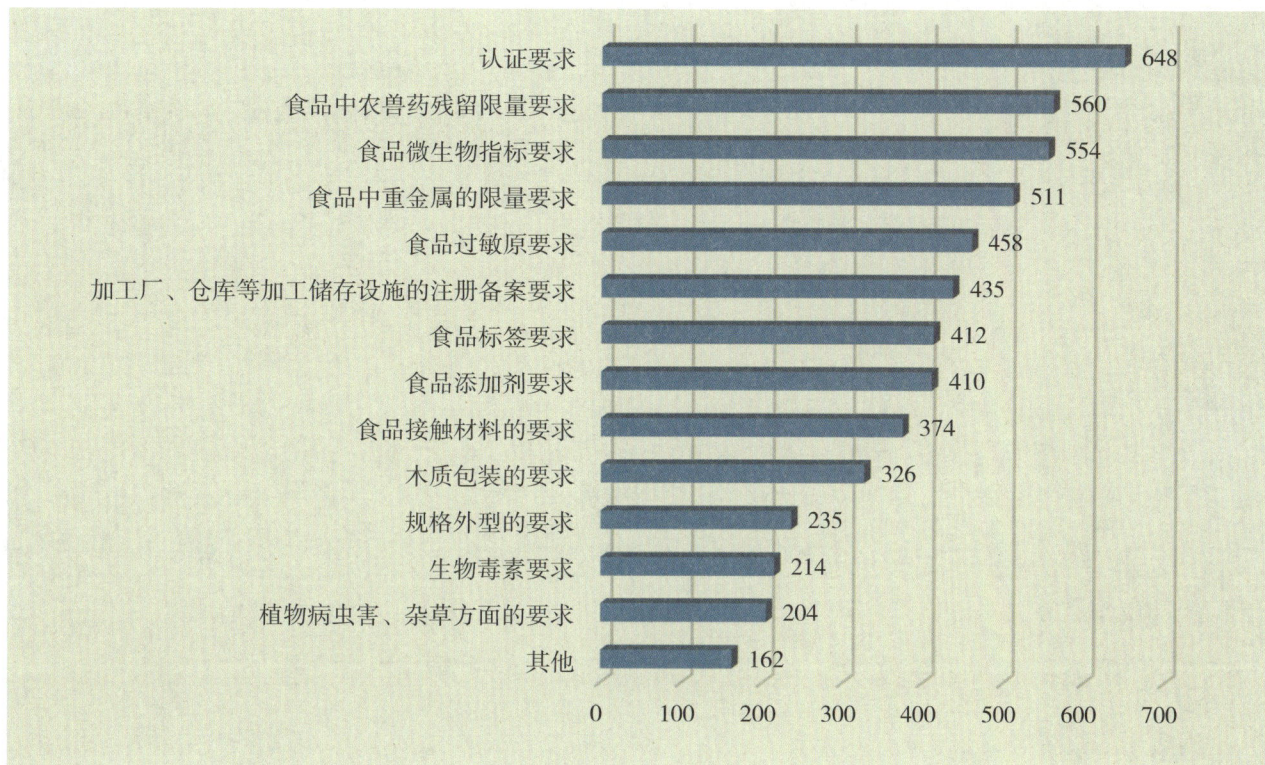

图 3-6　出口企业遭遇国外技术性贸易措施类型

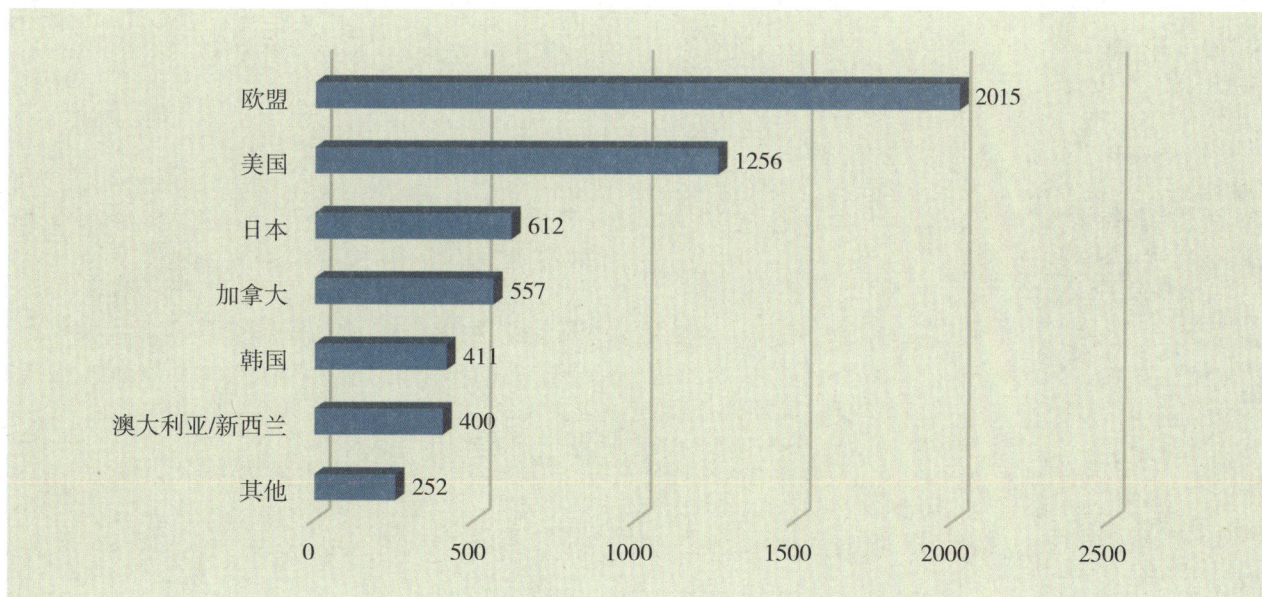

图 3-7　不同国家或地区的国外技术性贸易措施种类

表3-8 不同地区遭遇欧盟技术性贸易措施影响的企业数

（单位：个）

地区	技术性贸易措施的种类														总计
	加工厂、企业等加工储存设施的注册备案要求	植物病虫害、杂草方面的要求	食品中农兽药残留限量要求	食品微生物指标要求	食品添加剂要求	食品中重金属的限量要求	生物毒素要求	食品接触材料的要求	食品标签要求	食品过敏原要求	木质包装的要求	认证要求	规格外型的要求	其他（请说明）	
北京	3	3	5	5	3	5	5	3	4	3	3	3	2	1	48
天津	12	8	15	13	10	10	9	8	12	12	8	15	6	2	140
河北	10	8	13	12	10	13	7	13	1	10	4	17	9	1	128
山西	0	0	0	0	0	0	0	0	0	0	0	0	0	0	0
内蒙古	15	0	2	11	13	8	0	2	13	3	9	2	13	0	91
辽宁	48	23	31	54	47	56	26	47	52	53	32	91	37	34	631
吉林	5	2	7	4	2	5	2	2	1	1	1	4	1	3	40
黑龙江	0	0	0	0	0	0	0	2	0	0	0	0	0	4	8
上海	11	6	18	11	2	12	2	10	4	10	2	13	7	5	113
江苏	44	18	49	42	26	41	18	39	24	38	44	50	18	22	473
浙江	55	18	82	59	27	72	24	22	40	47	27	81	16	12	582
安徽	0	0	8	3	2	8	1	1	0	7	0	10	0	4	44
福建	45	40	76	61	52	65	13	38	38	48	53	58	19	6	612
江西	0	0	2	0	2	1	0	0	1	0	0	1	0	0	7
山东	135	53	173	201	150	142	57	148	164	159	108	195	96	30	1811
河南	3	0	7	7	6	6	6	0	0	6	0	7	0	0	48
湖北	8	14	30	30	12	33	22	26	18	32	26	34	2	10	297
湖南	3	3	9	4	2	1	1	2	1	2	3	4	2	3	38
广东	28	4	18	33	38	27	17	6	30	17	2	53	3	22	298
广西	6	4	4	4	4	4	4	4	4	4	2	4	4	2	54
海南	2	0	10	0	0	0	0	0	0	4	0	2	2	0	26
四川	1	0	0	0	0	1	0	0	0	0	0	0	0	1	4
重庆	1	1	1	1	1	1	1	1	1	0	1	4	0	0	10
总计	435	204	560	554	410	511	214	374	412	458	326	648	235	162	5503

（二）出口贸易障碍分析：技术性贸易措施是第一大贸易障碍

在调查问卷中，针对农食产品企业在出口中可能遇到的障碍，共设计了以下12个项目供选择：（1）技术性贸易措施；（2）反倾销；（3）反补贴；（4）配额；（5）许可证；（6）劳动力成本；（7）关税；（8）汇率；（9）退税率；（10）原材料；（11）国外市场疲软；（12）其他。

表3-9和图3-8显示出，有111家企业将技术性贸易措施列为其出口所遇障碍的首选项，其后是劳动力成本（75家）和国外市场疲软（70家）。技术性贸易措施成为农食产品出口的最大障碍。调查数据同时显示出大型企业更在乎技术性贸易措施的影响，小型企业则对关税和许可证更为敏感。

表 3-9　出口生产企业出口时所遇到的最大障碍　（单位：个）

企业类别	最大障碍											
	技术性贸易措施	反倾销	反补贴	配额	许可证	劳动力成本	关税	汇率	退税率	原材料	国外市场疲软	其他
第一位选择企业数	111	12	0	8	12	75	60	46	8	56	70	29
第二位选择企业数	12	17	4	10	8	61	56	74	29	68	55	1
第三位选择企业数	5	5	3	13	10	51	31	64	31	59	42	1

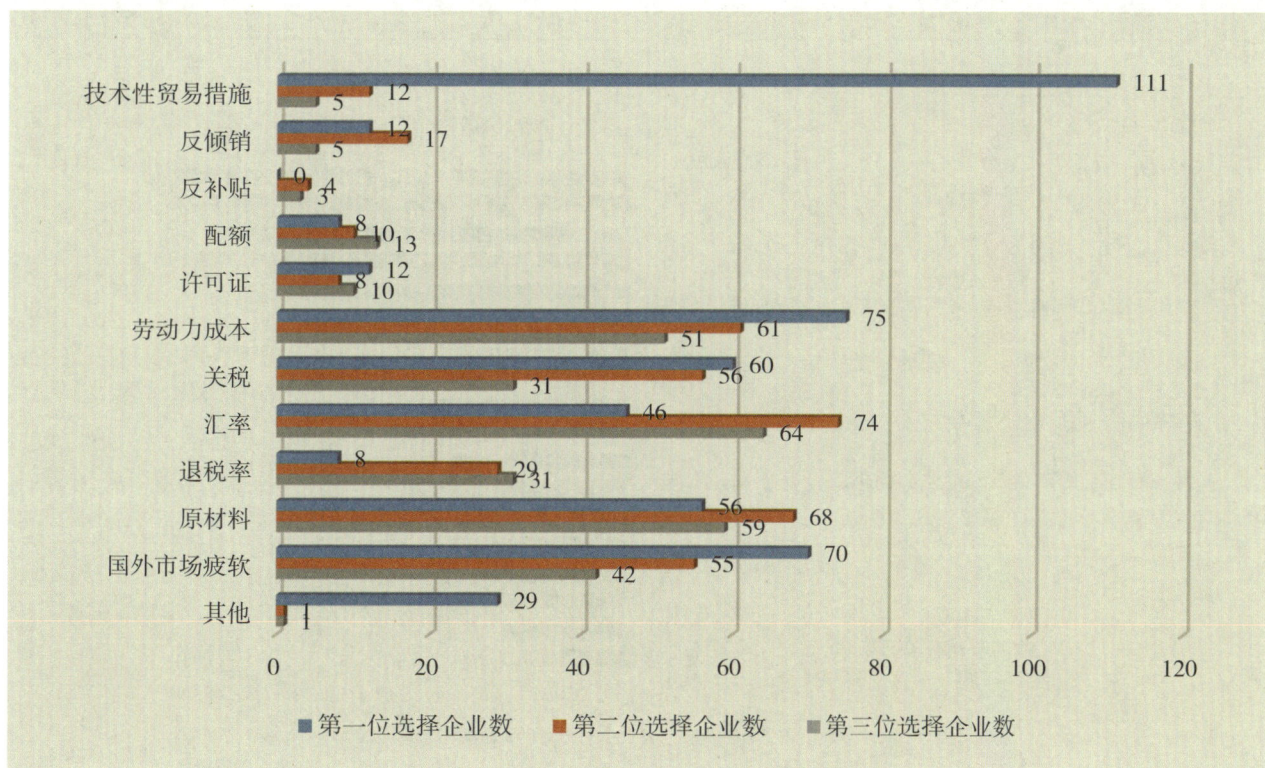

图 3-8　出口生产企业出口时所遇到的最大障碍

（三）措施制约原因分析：国外标准更新变化过快是最主要原因

表 3-10 和图 3-9 显示了在调查问卷中设计的针对农食产品企业在出口中受到国外技术性贸易措施制约的 9 个原因。从企业对各选项的总选择次数看，"国外检测、注册等要求繁琐复杂"是其受国外技术性贸易措施制约的最主要原因，在所有原因中占比 20.79%，其次为"国外标准更新变化过快，难以及时跟踪相关信息"，占比 19.10%，第三位是"符合国外标准要求所需的费用令企业难以负担"，占比 14.61%。

表 3-10　企业受国外技术性贸易措施制约的原因　　　　　　　（单位：个）

主要原因	大型企业	小型企业	总计
国外标准要求高，企业目前的生产技术难以达到	70	0	70
国外标准更新变化过快，难以及时跟踪相关信息	167	3	170
符合国外标准要求所需的费用令企业难以负担	130	0	130
国外检测、注册等要求繁琐复杂	183	2	185
国外海关入境查验程序苛刻	75	0	75
企业因未通过相关认证出口受阻	68	2	70
因国外技术法规等要求不明确、不统一出口受阻	74	1	75
因国外歧视性的技术法规和标准等要求出口受阻	49	1	50
其他	63	2	65
合计	879	11	890

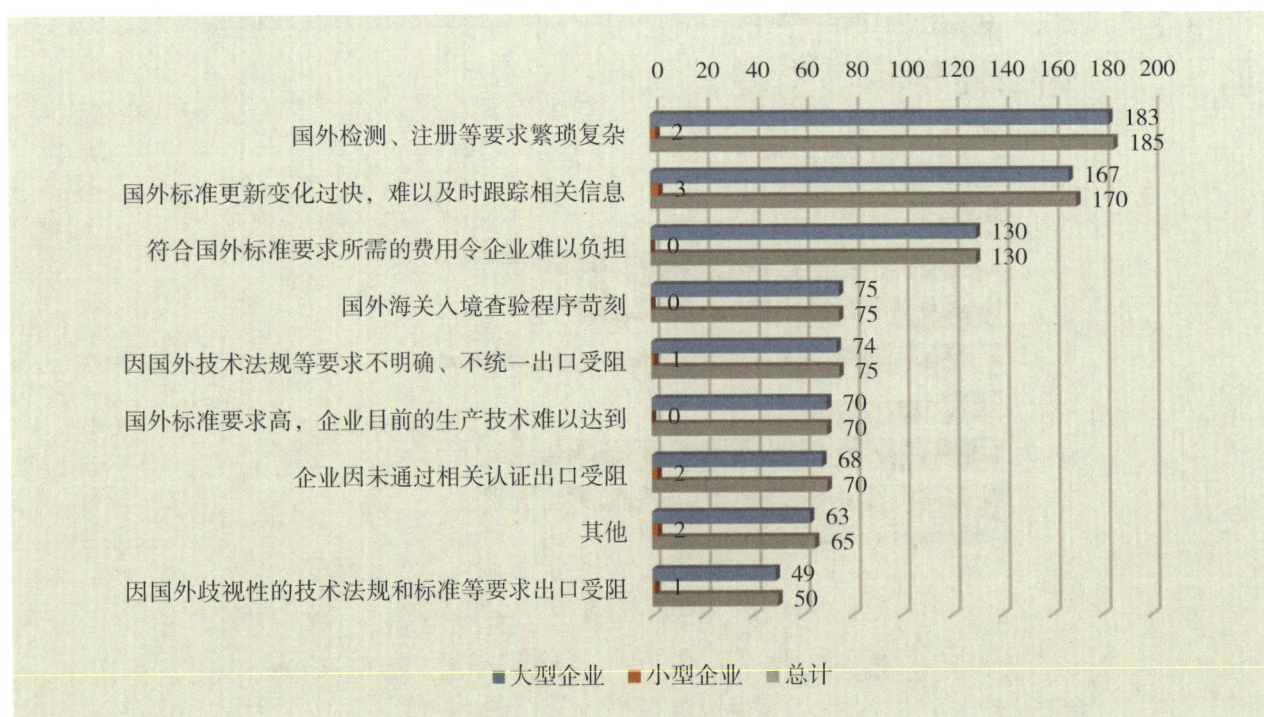

图 3-9　企业受国外技术性贸易措施制约的原因

三、受影响企业范围分析

此次调查综合考虑全国出口农食产品企业的总数、规模、出口额以及产地分布，确定了 500 个调查样本。

（一）规模分析：500-20000 万元营收规模企业受影响最大

本次调查，按照企业员工数量将企业分为 50 人及以下、50~200 人、200~500 人及 500 人以上 4 类，图 3-10 列出了不同人数规模企业遭受国外技术性贸易措施的情况。上述 4 类企业受到国外技术型贸易措施影响的数量占该类企业总数的比例分别为 53.7%、52.7%、57.3% 和 42.5%。

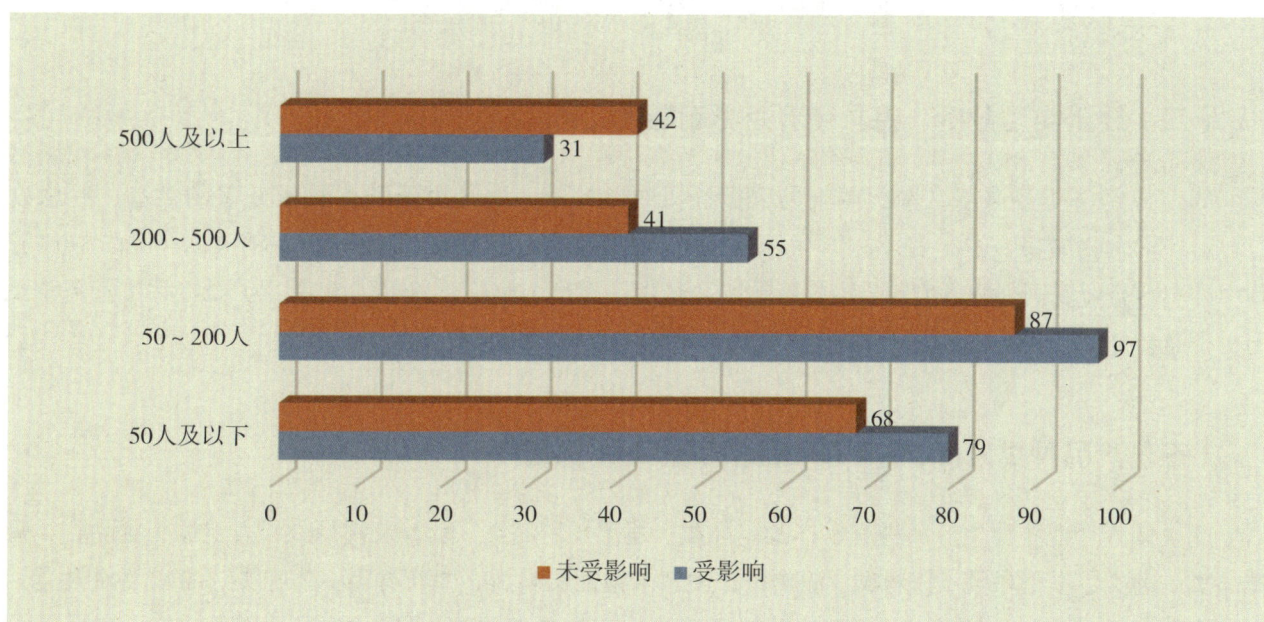

图 3-10　不同生产规模企业受影响情况（单位：个）

按 2019 年企业营业收入分为低于 50 万元、50~500 万元、500~20000 万元和超过 20000 万元 4 类，图 3-11 列出了不同营业收入规模企业遭受国外技术性贸易措施影响的情况。如图 2-10 所示，上述 4 类企业受到国外技术型贸易措施影响的数量占该类企业总数的比例分别为 16.7%、17.1%、56.7% 和 55.1%。

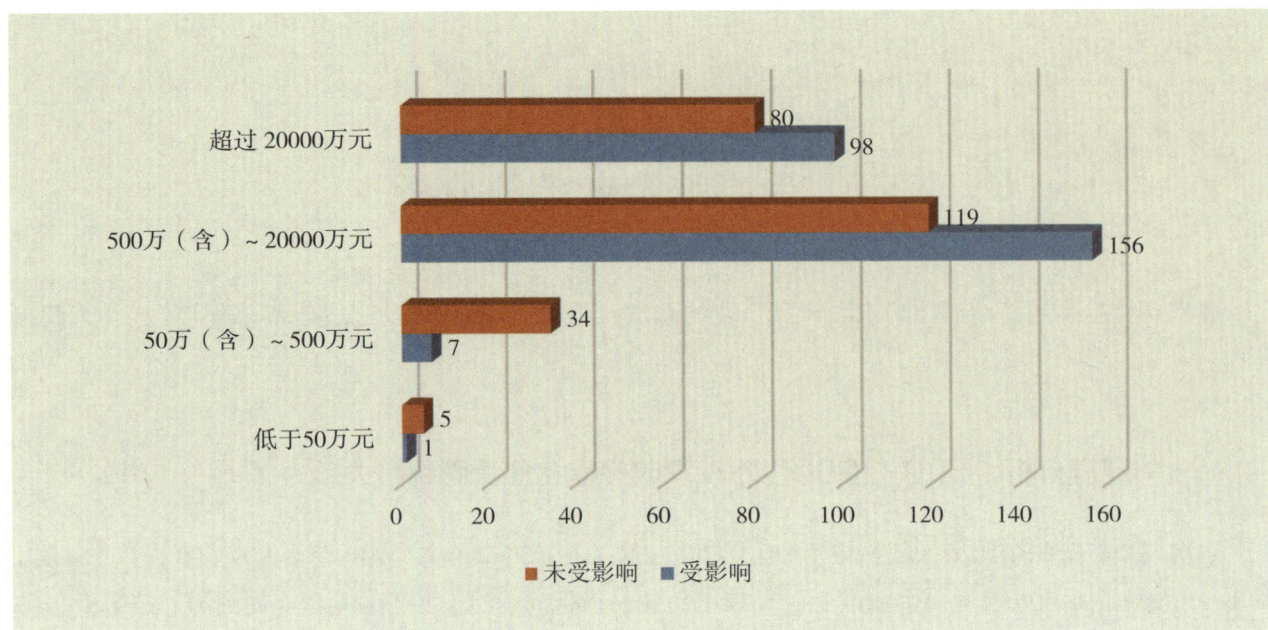

图 3-11　不同销售额规模企业受影响情况（单位：个）

（二）经济类型分析：民营经济受影响最大

从企业经济类型来看，本次调查的民营企业共 385 家，为本次受调查数量最多的类型，占总数77.0%；外资企业 57 家，占比 11.4%；国有企业 37 家，占比 7.4%；港澳台企业 21 家，占比 4.2%（见图 3-12）。其中港澳台企业受国外技术型贸易措施影响的数量占该类型企业总数的比例最高，为 57.1%；民营企业、国有企业和外资企业受影响比例分别是 53.8%，40.5% 和 49.1%。

（三）产品种类分析：水产及制品类受影响比例最高

此次调查企业主要生产品种有水产及制品类、蔬菜及制品类、粮谷及制品类、其他加工食品类、调味品类、肉类、干坚果类、饮料类、酒类、糖类、植物性调料类、中药材类、茶叶类、油脂及油料类、蛋及蛋制品类、乳制品类和其他，较全面的涵盖了农产品食品种类。图 3-13 展示了不同出口产品受影响的状况，按生产品种被调查企业数量排名前五位的为水产及制品类、已列明 20 类之外其他产品、蔬菜及制品类、其他加工食品类和干坚果类。前五类的出口企业中，受到国外技术型贸易措施影响的企业数量占该类企业总数比例分别为 46.9%、65.9%、44.4%、52.9% 和 37.0%。已列明 20 类之外其他产品企业受影响比例最大，具体名称有肠衣、蜂蜜、食品添加剂、药品原料、保健品原料等。

（四）业务类型分析：贴牌生产企业受影响最大

本次调查，按照业务类型将企业分为自主品牌、贴牌与自主品牌兼有、贴牌（OEM/ODM）加工及其他 4 类，表 3-11，图 3-14 列出了不同品牌经营方式企业遭受国外技术性贸易措施的情况，上述

4类企业受到国外技术型贸易措施影响的数量占该类企业总数比例分别为52.3%、55.8%、55.9%和42.9%。图表显示，贴牌生产的企业遇到技术性贸易措施问题较多。

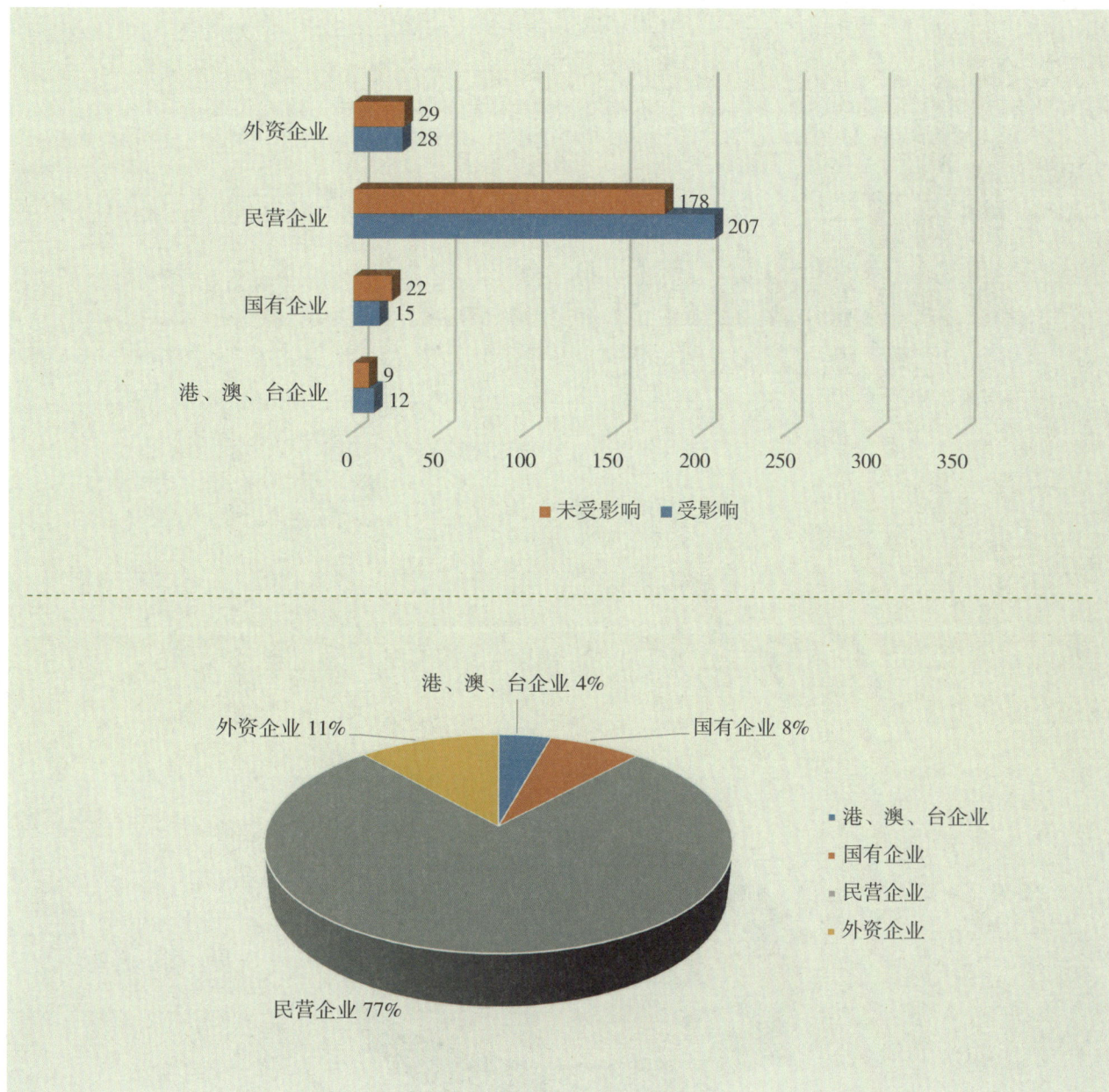

图 3-12　不同经济类型企业受影响情况（单位：个）

表 3-11　不同品牌经营方式受技术性贸易措施影响情况 （单位：个）

业务类型	受影响	未受影响	总计
自主品牌企业	79	72	151
贴牌与自主品牌兼有企业	87	69	156
贴牌（OEM/ODM）加工企业	57	45	102
其他	39	52	91

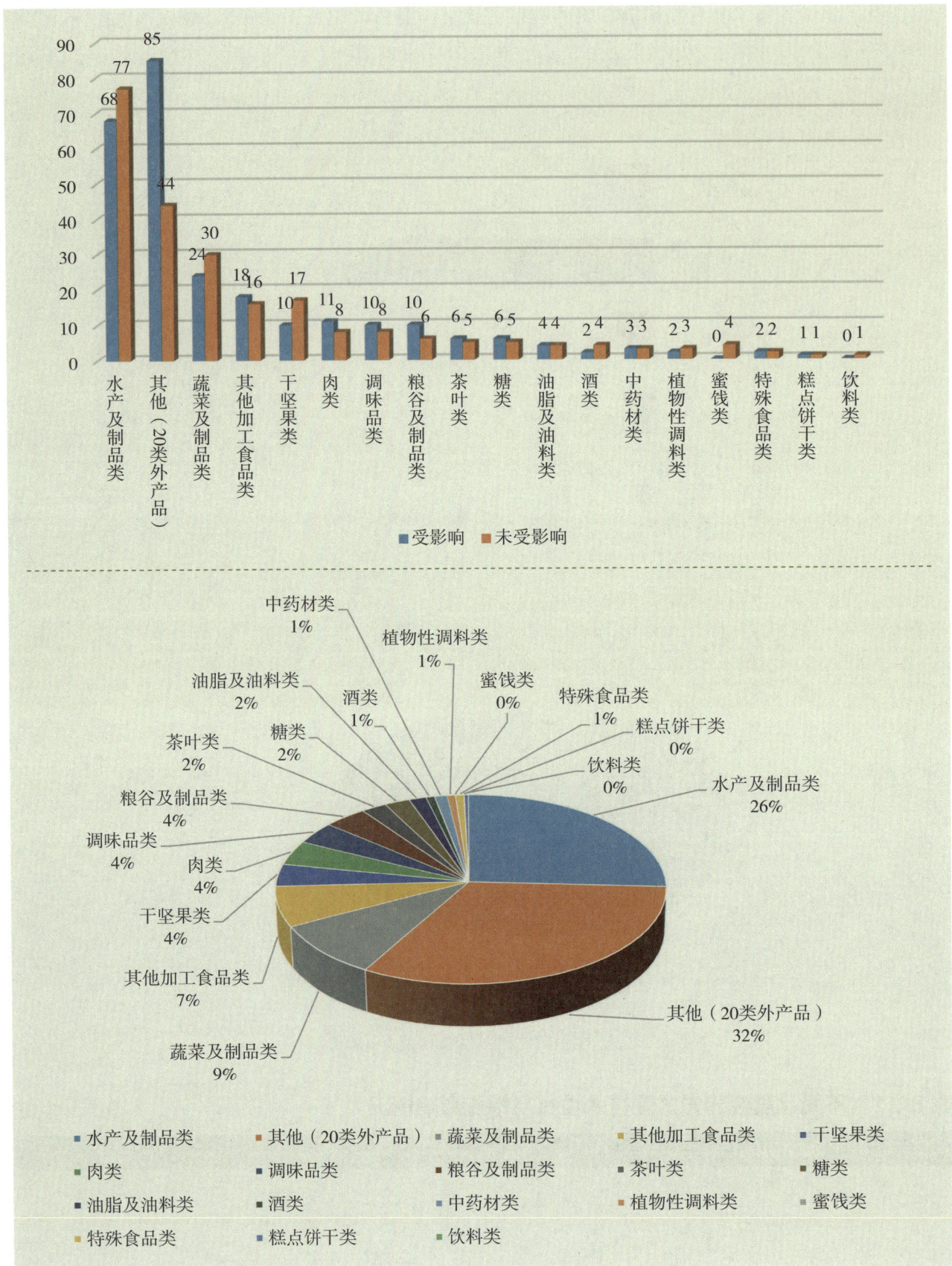

图 3-13　不同出口产品受影响情况

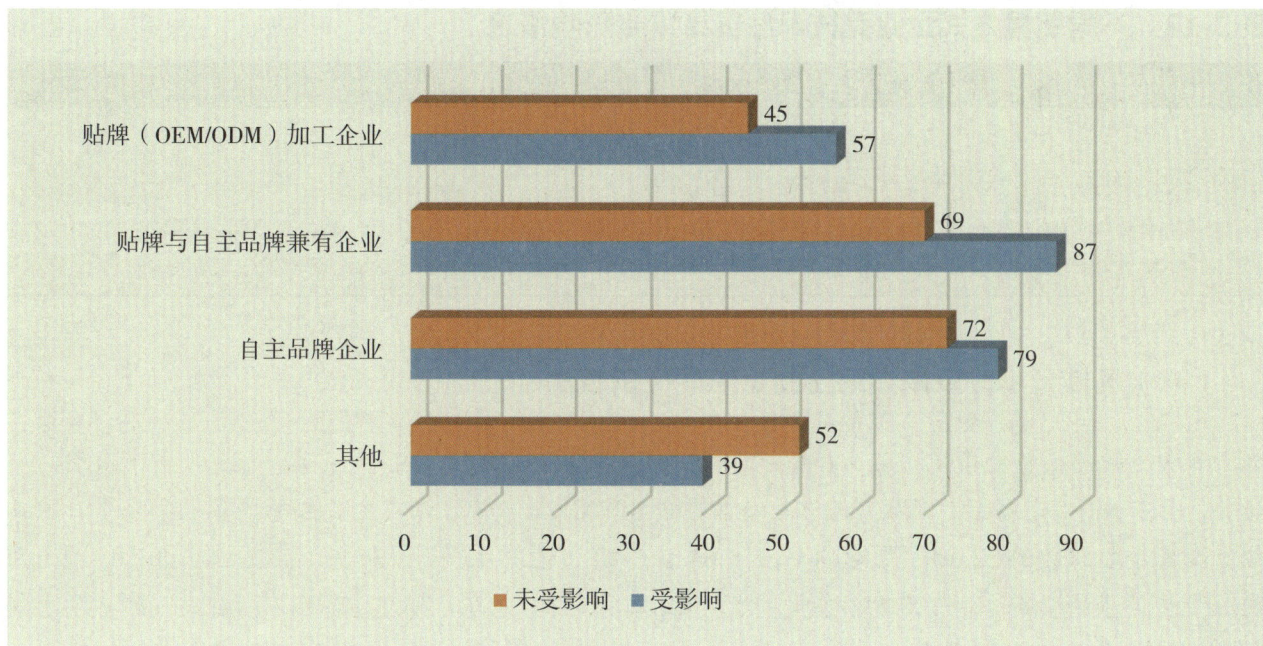

图 3-14 企业不同品牌经营方式受影响情况（单位：个）

（五）贸易方式分析：各类型企业不同程度都受到影响

所有受调查企业中，一般贸易企业 359 家，受影响企业 197 家，受影响占比 54.9%；进料加工企业 71 家，受影响企业 38 家，受影响占比 53.5%；来料加工企业 20 家，受影响企业 8 家，受影响占比 40.0%；其他企业 50 家，常常混合两种或三种贸易方式，贸易方式虽灵活，但受影响比例较高，受影响占比 61.3%，详见表 3-12 及图 3-15。

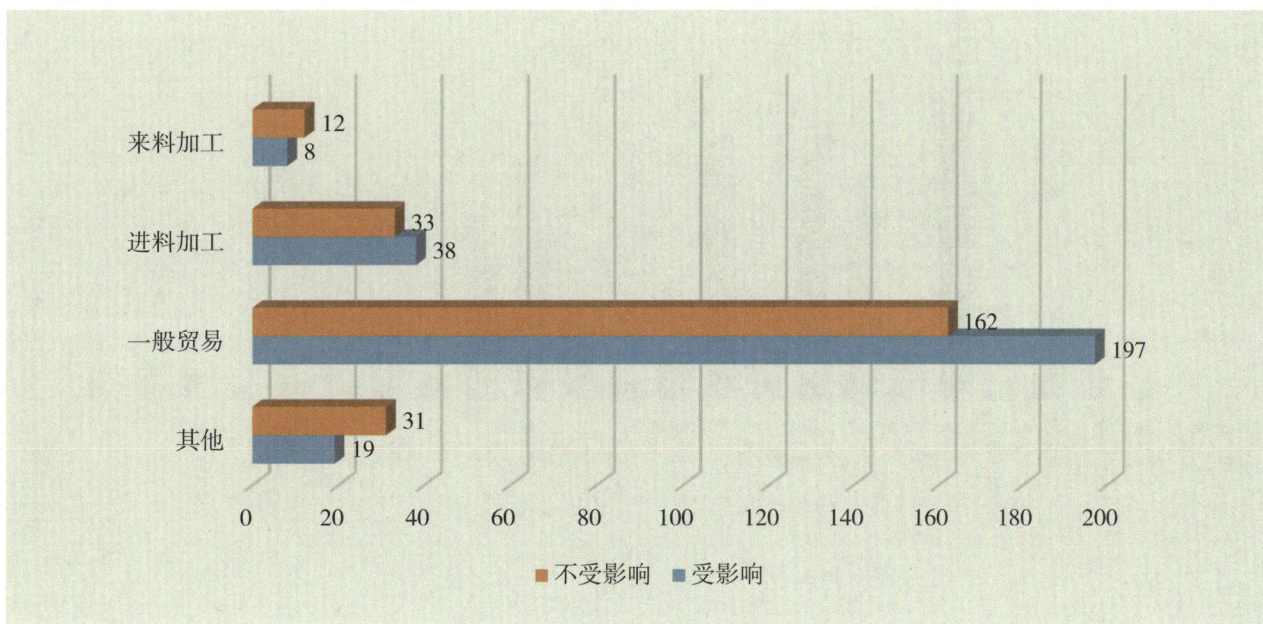

图 3-15 企业不同贸易方式受影响情况（单位：个）

表 3-12　不同贸易方式企业受技术性贸易措施影响情况　　　　　　　　　　（单位：个）

贸易方式	是	否	总
一般贸易	197	162	359
进料加工	38	33	71
来料加工	8	12	20
其他	19	31	50

（六）区域分析：东南沿海企业受影响比例较高

本次受调查企业分布在北京、上海、山东、福建、浙江、江苏、四川、广西等 23 个省市自治区。其中，山东、浙江、辽宁、江苏五地样本企业数量在 50 家以上。受调查企业数量最多的山东 110 家，占受调查企业总数的 22.0%，受影响率占比 64.5%。通过表 3–13 和图 3–16 可以看出，海南、重庆两省份受访企业受影响率为 100%；海南、重庆、天津、江西、山东、湖北、福建、浙江、安徽、辽宁受访企业受影响率在 50% 以上；山西、内蒙古、黑龙江和四川受访企业共 13 家，受访企业数量较少，受影响率为 0。

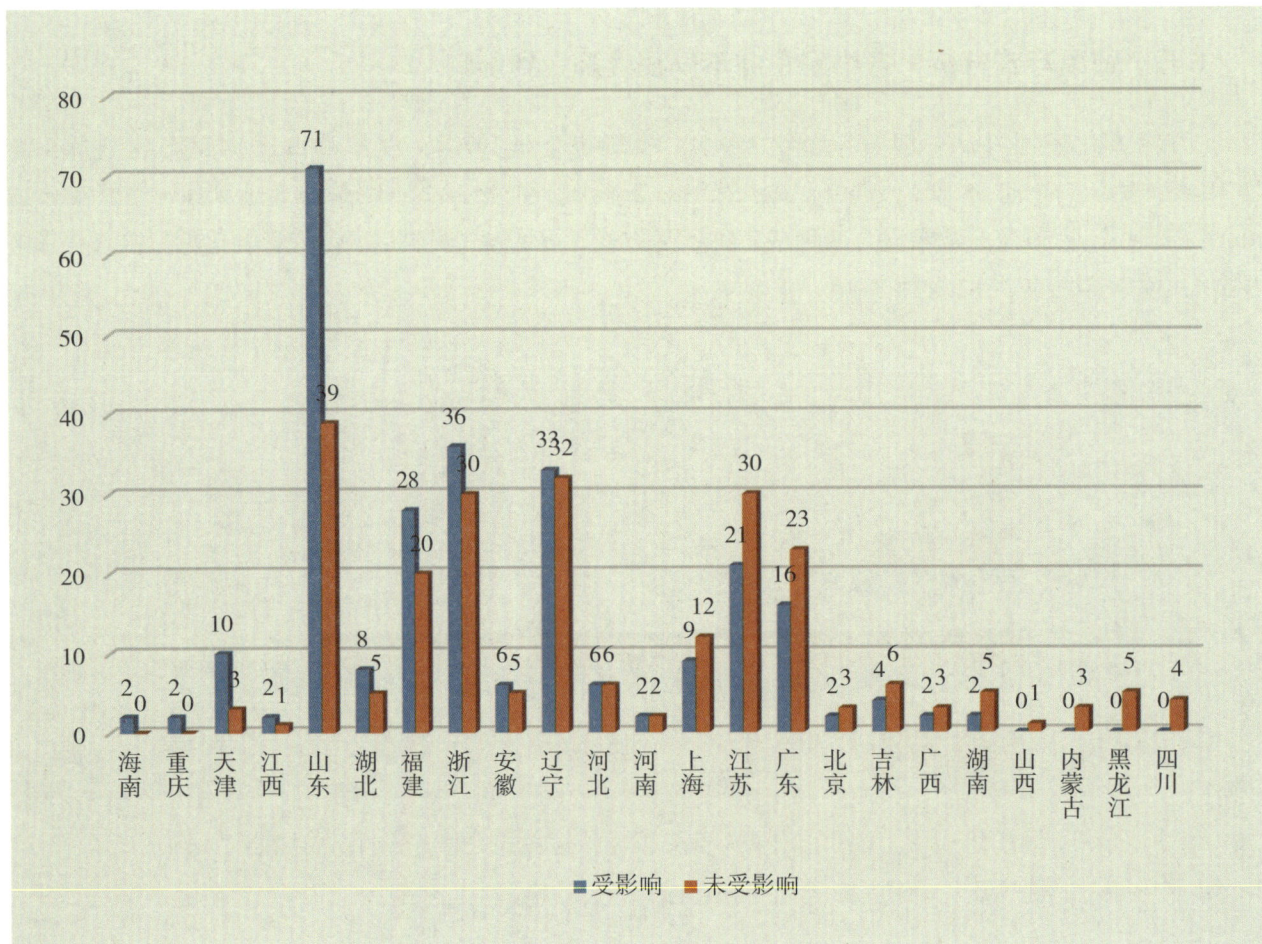

图 3-16　不同地区企业受技术性贸易措施影响情况

表 3-13　不同地区企业受技术性贸易措施影响情况　　　　　　　　　（单位：个）

地区	受影响	未影响	总数	比例	地区	受影响	未影响	总数	比例
海南	2	0	2	100.00%	上海	9	12	21	42.86%
重庆	2	0	2	100.00%	江苏	21	30	51	41.18%
天津	10	3	13	76.92%	广东	16	23	39	41.03%
江西	2	1	3	66.67%	北京	2	3	5	40.00%
山东	71	39	110	64.55%	吉林	4	6	10	40.00%
湖北	8	5	13	61.54%	广西	2	3	5	40.00%
福建	28	20	48	58.33%	湖南	2	5	7	28.57%
浙江	36	30	66	54.55%	山西	0	1	1	0.00%
安徽	6	5	11	54.55%	内蒙古	0	3	3	0.00%
辽宁	33	32	65	50.77%	黑龙江	0	5	5	0.00%
河北	6	6	12	50.00%	四川	0	4	4	0.00%
河南	2	2	4	50.00%					

四、企业应对情况分析

（一）企业应对技术贸易措施的最主要做法：大部分企业采取积极主动应对措施

在调查问卷中，针对中国出口欧盟食品在遭遇国外技术性贸易措施是采取的做法，设计了以下 13 个项目供企业选择：1 尽快熟悉 WTO 规则及相关贸易协定，2 主动收集、了解国外技术法规要求；3 采用先进的国际技术标准；4 获取出口所需的相关认证；5 加强产品检验检测；6 改善企业内部的质量管理；7 推行标准化生产方式；8 设备、技术等更新升级；9. 加强人员培训，提高员工素质；10 实施多元化市场战略；11 实施国际化品牌经营战略；12 积极调整出口产品结构；13 其他。

通过图 3-17 可以看出，出口企业通过采取"主动收集、了解国外技术法规要求""加强产品检验检测""获取出口所需的相关认证""改善企业内部的质量管理""加强人员培训，提高员工素质"等措施应对国外技术性贸易措施，企业选择上述 5 项措施共 1631 次，占所有选择 46.9%。在遭遇国外技术性贸易措施时，企业"主动收集、了解国外技术法规要求"作为首要做法，说明大部分出口企业较为主动，能优先通过自身解决出口困境。1 家企业未采取应对措施，其中 27 家反馈未受到技术性贸易措施影响。

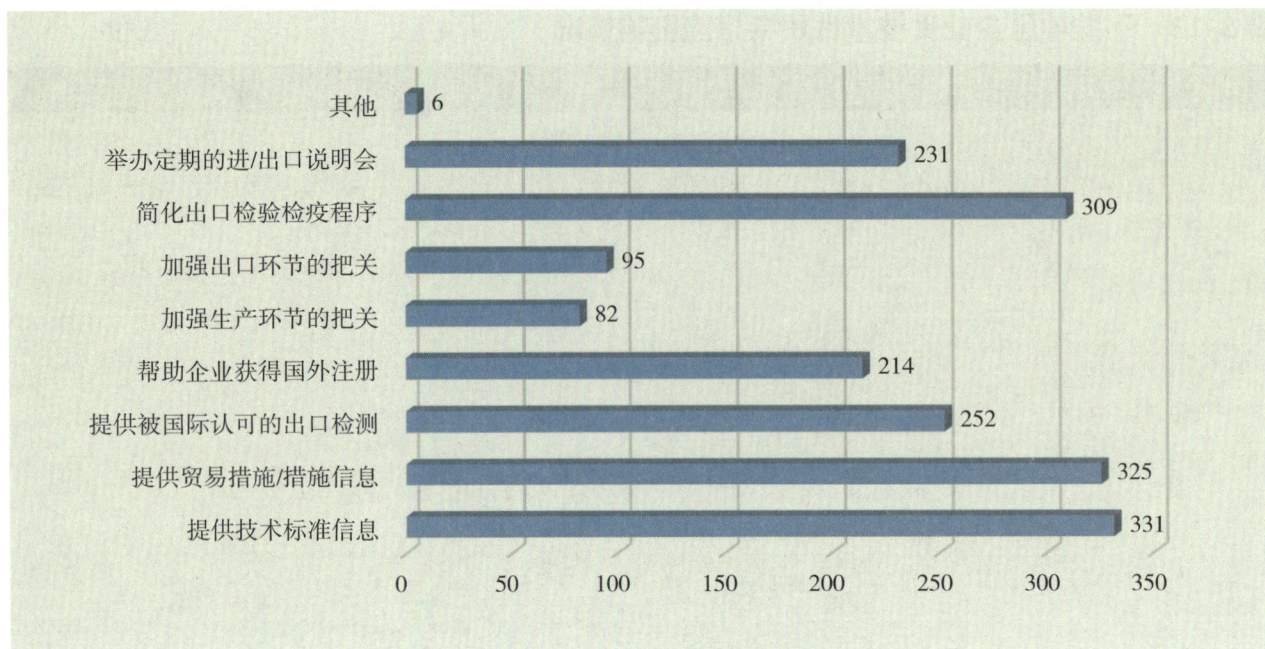

图 3-17　遭遇国外技术性贸易措施时采取的做法　（单位：个）

（二）信息渠道分析：目前获取国外技术性贸易措施信息的途径主要是口岸监管部门

在调查问卷中，针对中国出口欧盟食品企业获取国外技术性贸易措施信息的途径，设计了以下 10 个项目供企业选择：1 口岸监管部门；2 其他政府部门；3 我国有关行业协会和商会；4 我国驻外使领馆；5 媒体；6 国外经销商提供的信息；7 中国 TBT、SPS 咨询点；8 国外 TBT、SPS 咨询点；9 国外政府网站；10 其他。从调查结果表 3-14 可以看出，企业获取国外技术贸易措施信息的途径总体一致，口岸监管部门和国外经销商提供的信息是最主要的来源。口岸监管部门将技术性贸易措施工作作为本部门的重要

表 3-14　获取国外技术性贸易措施信息的途径

（单位：个）

获取途径	选择企业数
口岸监管部门	311
其他政府部门	99
我国有关行业协会和商会	238
我国驻外使领馆	11
媒体	125
国外经销商提供的信息	313
中国 TBT、SPS 咨询点	29
国外 TBT、SPS 咨询点	16
国外政府网站	7
其他	2（报关行等代理）

职责贯穿于日常工作中，并通过各种信息手段向企业传递最新国外技术性贸易措施信息，因此，成为企业获得国外技术性贸易措施信息的重要来源。国外经销商更加直接的了解出口市场，也可以更快速的获取国外技术性贸易措施信息。此外，我国有关行业协会和商会也是企业获得国外技术性贸易措施的重要来源，排在第三位，个别企业也通过报关行等代理获取信息。

（三）应对需求分析：企业参与国外技术性贸易措施研究和应对积极性较高

在调查问卷中，针对中国出口欧盟食品企业在应对国外技术性贸易措施时希望哪些方面希望与口岸监管部门重点加强合作交流，设计了以下5个项目供企业选择：（1）技术性贸易措施信息交流；（2）对国外重要技术性贸易措施通报的联合评议；（3）技术交流和帮扶；（4）合作开展培训；（5）其他。

从图3-18看，大多数企业选择"技术性贸易措施信息交流"，其次是"技术交流和帮扶""合作开展培训""对国外重要技术性贸易措施通报的联合评议"，上述选项均超过半数企业选择，可以看出出口企业非常希望参与到国外技术性贸易措施研究和应对工作中。

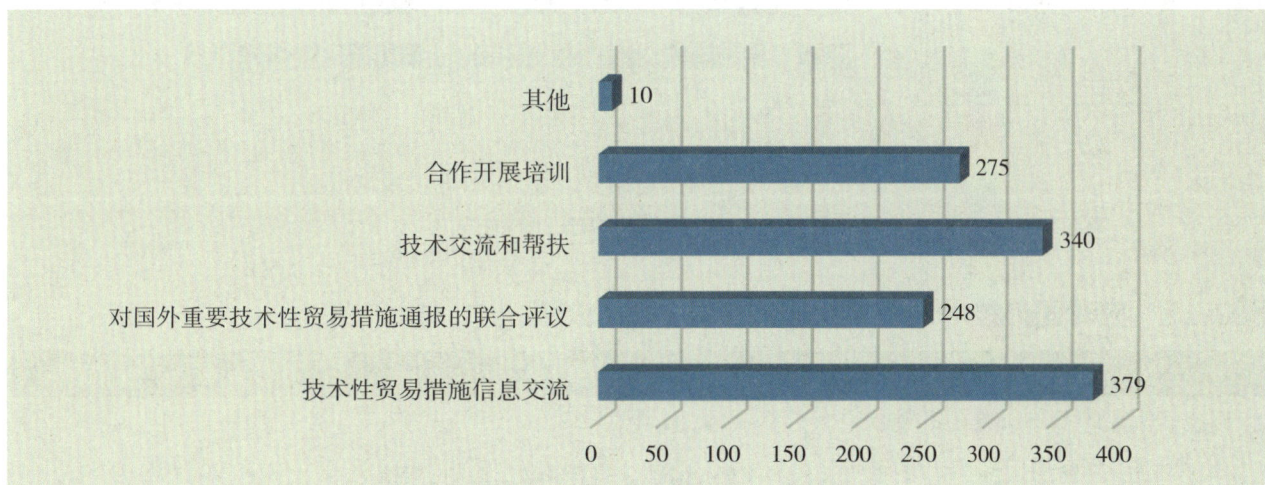

图 3-18　希望重点加强合作交流的工作　（单位：个）

在调查问卷中，针对中国出口欧盟食品企业应对国外技术性贸易措施希望得到的帮助，设计了以下9个项目供企业选择：（1）提供技术标准信息；（2）提供贸易措施/措施信息；（3）提供被国际认可的出口检测；（4）帮助企业获得国外注册；（5）加强生产环节的把关；（6）加强出口环节的把关；（7）简化出口检验检疫程序；（8）举办定期的进/出口说明会；（9）其他。

从图3-19可以看出，大多数企业选择集中在"提供技术标准信息""提供贸易措施/措施信息""简化出口检验检疫程序"等三个选项，还有企业提出希望口岸监管部门加强与国外机构的沟通。

（三）应对效果分析

通过调查结果可以看出，企业通过"获取出口所需的相关认证""改善企业内部的质量管理""加强产品检验检测"等措施应对国外技术性贸易措施取得的效果最明显，在所有调查的企业中，"主动收集、了解国外技术法规要求""获取出口所需的相关认证""加强产品检验检测""加强人员培训，提高员工素质""改善企业内部的质量管理""设备、技术等更新升级"等措施都被认为是比较有效的应对措施，详见表3–15。

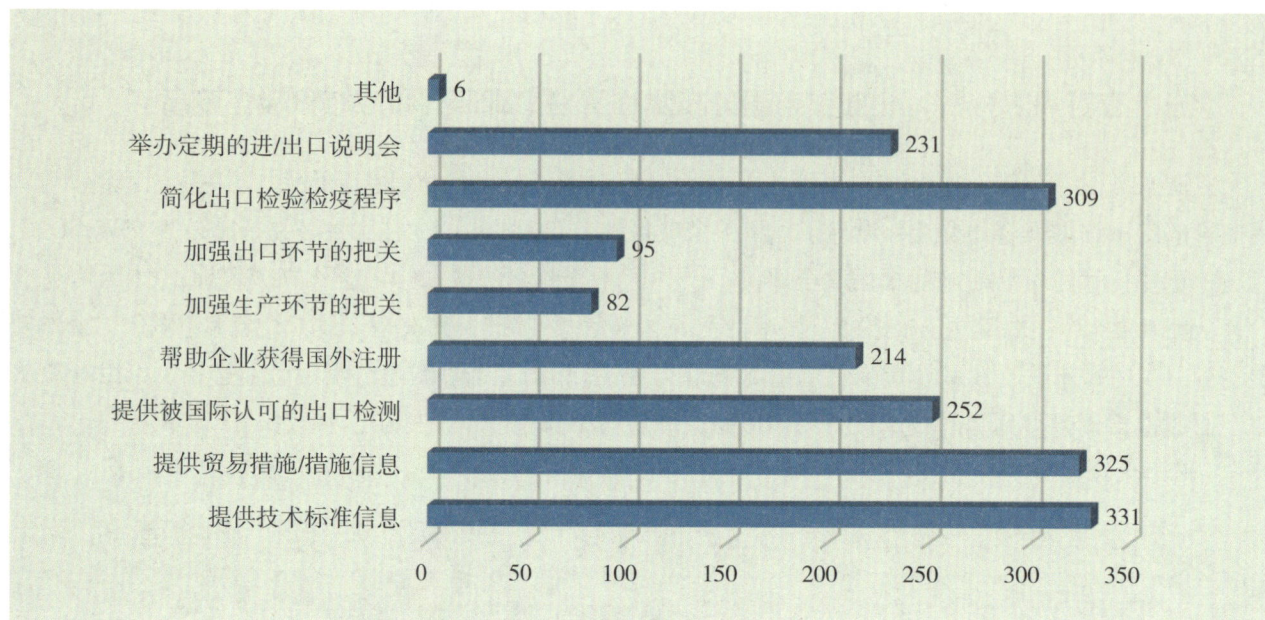

图 3-19　企业希望获得帮助的方式

表 3-15　应对国外技术性贸易措施的主要方法及效果

应对做法	没有作用	作用较小	一般	比较有效	非常有效
尽快熟悉 WTO 规则及相关贸易协定	18	26	71	101	58
主动收集、了解国外技术法规要求	7	16	61	186	85
采用先进的国际技术标准	7	13	48	101	66
获取出口所需的相关认证	3	5	39	174	109
加强产品检验检测	6	6	45	173	101
改善企业内部的质量管理	4	5	49	160	104
推行标准化生产方式	1	6	45	126	75
设备、技术等更新升级	5	12	51	137	75
加强人员培训，提高员工素质	5	6	53	160	80
实施多元化市场战略	2	8	50	136	75
实施国际化品牌经营战略	6	16	68	74	50
积极调整出口产品结构	3	10	66	119	69
其他	28	2	20	8	10

通过图 3-20 可以看出，通过应对国外技术性贸易措施，很多企业竞争力有所下降，主要是因为应对过程中增加了企业成本，暂时对出口造成不利影响。但大多数企业在应对技术性贸易措施的过程中，质量安全水平都得到不同程度的提高，部分企业有显著提升，详见图 3-21。

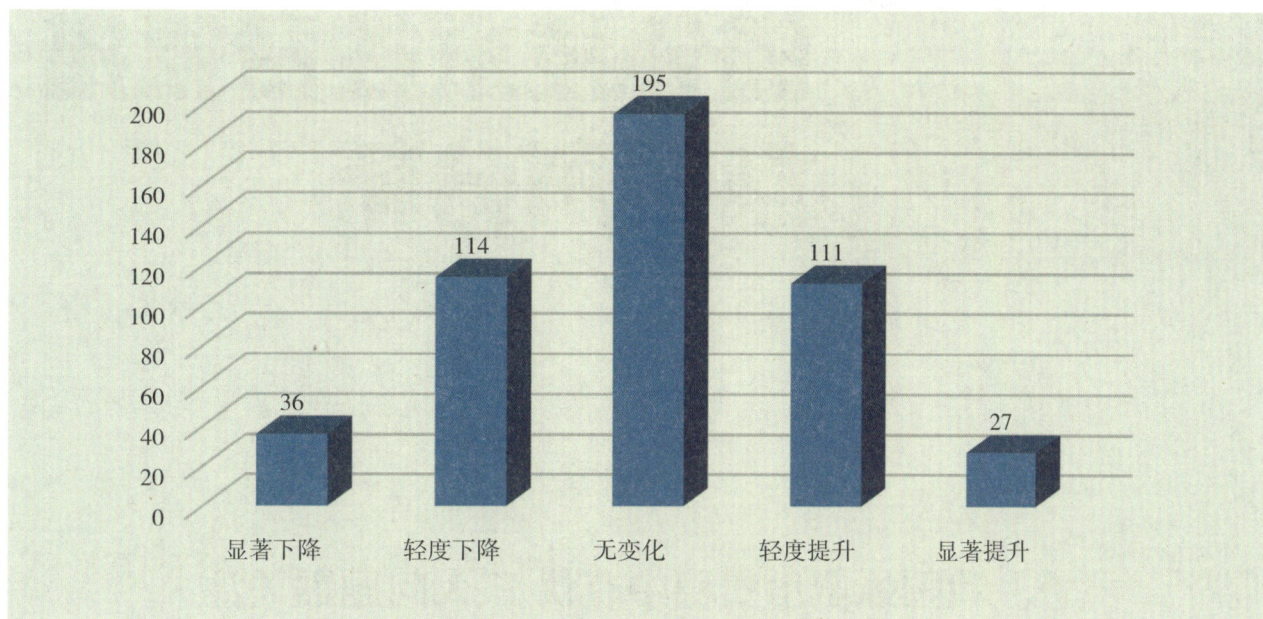

图 3-20　应对后企业竞争力变化情况（单位：个）

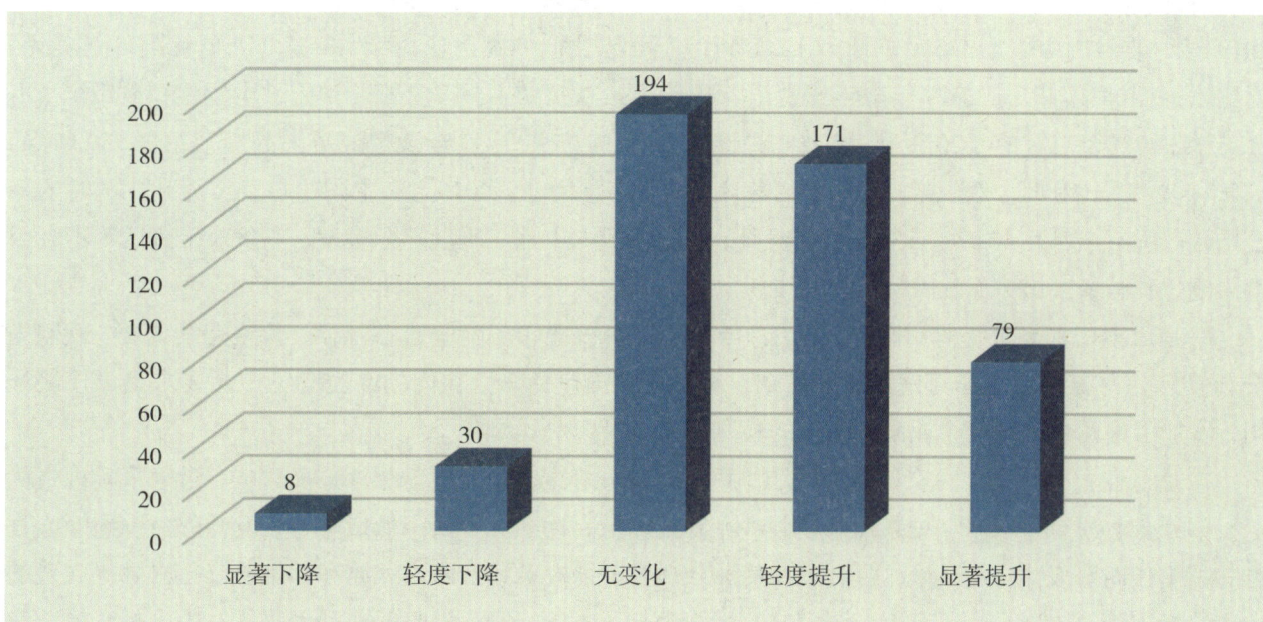

图 3-21　通过应对后企业出口产品质量安全水平变化情况（单位：个）

第三章 输欧农食产品遭受国外技术性贸易措施案例分析

一、我国蜂蜜出口稳中有忧 三大问题需关注

我国蜂蜜出口多年来稳居世界第一，主要出口到欧盟、英国、日本、沙特阿拉伯等国家和地区。2019年，全年中国蜂蜜出口量总计为12.08万吨，同比增加0.66万吨；累计蜂蜜出口金额2.35亿美元，同比增加0.04亿美元。2019年全年蜂蜜出口均价1.94美元/kg，同比下降3.77%。中国出口到欧盟（不含英国）的蜂蜜总计有4.20万吨，占出口蜂蜜总量的34.77%，出口至欧盟成员国的蜂蜜超过1500吨的国家有波兰、比利时、西班牙、德国、葡萄牙、荷兰、意大利。2019年，中国出口到波兰和比利时的蜂蜜增幅较大，分别为42.07%、31.51%。然而，受生产成本上涨、质量问题多发、竞争对手打压等不利因素影响，我国蜂蜜出口面临隐忧，需关注。

一是成本增加导致企业利润空间承压。当前，全球蜂蜜市场竞争日益加剧，价格持续承压。欧盟委员会修订动物源性食品兽药残留监控计划，对来自中国包括蜂蜜在内的5类动物产品要求提供检测证明，增加了中国蜂蜜生产企业出口欧盟的检测成本。

二是行业长期受困"高产低质"问题。我国大部分蜂蜜出口企业规模小、品牌弱，过度依赖价格优势，部分企业甚至采取添加糖浆掺杂使假、降低蜜源控制标准等手段降低成本，引发国外对中国蜂蜜官方扣留事件时有发生。近年来，西班牙和美国分别对1批检出乳蛋白过敏原和3批检出杀虫脒等农残的中国蜂蜜实施官方扣留。还有部分国家蜂农组织为打压中国蜂蜜，借此不断利用媒体对中国蜂蜜掺杂使假进行夸大性宣传，导致我国出口蜂蜜"高产低质"形象标签难以消除。

三是国外壁垒持续加码贸易风险增加。近年来，欧洲蜂农组织为扭转竞争劣势，不断游说官方对进口蜂蜜尤其是中国蜂蜜采取限制措施。德国联邦议院要求联邦政府在欧盟范围内推动建立蜂蜜原产地标识，列明具体生产国，而不仅仅是标注欧盟或非欧盟。另外，中国与欧盟等国家标准对于天然蜂蜜的定义不同，部分蜂农组织抨击我国企业将未成熟蜜脱水浓缩的生产方式属于欺诈行为。2019年2月，

中国养蜂学会曾收到国际蜂联（APIMONDIA）的一份来函声明，其中就将"收获未成熟蜂蜜，利用技术设备进行主动脱水"定性为造假，对中国蜂蜜出口欧盟产生较大负面影响。

鉴于上述情况，建议一是树品牌，提品质。积极利用中欧地理标志协定，大力推进品牌战略，提升产品品牌价值，树立示范企业，充分发挥示范企业作用，带动行业发展。二是抓帮扶，重宣传。加强养殖、生产、追溯体系建设和管理规范化培训，完善蜂蜜质量标准，统筹国内、国际两个市场，形成合力。三是强监管，严打击。完善法律法规，强化监管措施，发挥行业协会监督作用，严厉打击低价竞争和掺杂使假等行为。

二、多举措保障输欧盟禽肉大幅增长

我国是世界第二大禽肉生产国，欧盟是我国禽肉出口的重要市场之一。2019年，在我国肉鸡产业完全摆脱H7N9疫情影响进入良性发展的形势下，国内非洲猪瘟疫情的暴发显著拉升肉鸡需求，肉鸡生产实现较大幅度增长，全产业链实现较高水平盈利。4月1日，欧盟对我国输欧盟禽肉产品开放新的关税配额，配额内产品适用较低关税税率，有力刺激了我禽肉产品出口。仅2019年上半年，我国出口欧盟禽肉2.2万吨，同比大幅增长35.4%，创近年来新高。海关多举措指导帮助企业用好用足配额政策，在确保出口产品质量的同时，加快通关放行速度，力促禽肉产品出口。

一是优化监管模式，助力通关提速。构建出口肉类安全风险防控和监督管理体系，将监管重心从对产品的监管转变为对企业全过程的监管；根据企业信用和监管情况实行分类管理、分类通关，对高信用企业，将出口禽肉兽药残留检测程序前置，减少检测耗时；在属地建立货物电子底账，对出口禽肉实行运抵前申报，运抵港口后实行系统自动放行，放行时间进入"读秒"时代，有效减少企业产品在港口的停留时间。经初步测算，企业通关成本平均降低20%以上。

二是加强技术指导，助力企业成长。成立欧盟法规跟踪评议专家组，及时搜集整理欧盟有关禽肉法律法规、标准及政策，完善我国官方监管体系，顺利迎接欧盟官方体系考察，目前我国已有38家出口禽肉企业获得欧盟注册准入资格；建立企业联系人制度，指导企业完善生产管理体系，确保生产过程和产品质量持续符合欧盟要求；举办专场企业信用培育会，对海关信用管理政策、AEO互认制度以及海关认证标准等进行宣讲，指导企业申请海关信用认证，享受政策红利；指导企业用好用足关税配额。

三是强化风险管理，助力质量提升。充分发挥出口食品农产品区域化管理优势，与地方政府协调联动，建立食品安全共治机制，夯实安全基础；支持指导有条件的地区、企业着力打造出口禽肉示范品牌，引导企业按照国际标准建设养殖基地、屠宰加工生产线，做好禽流感、新城疫等动物疫病风险防控；对接欧盟法规要求，对出口禽肉批批监测氯霉素、硝基呋喃类代谢物等农兽药残留，持续保持出口欧盟禽肉"零通报"，保证出口禽肉安全。

三、花生出口持续下滑 四大难题亟待破解

花生是山东省重要的出口农产品，出口量占全国出口总量80%以上。目前，山东省有出口花生备案企业174家，相关上下游企业近万家，从业人数达数十万人。但近年来山东省花生及制品出口量逐年下降，由2005年的65.48万吨下滑至2018年的42.49万吨；2019年1-5月，出口花生及制品20.56万吨、3.41亿美元，同比分别下滑1.11%、10.97%。随着出口量逐步减少，每年5月份以后大量加工企业进入停业状态。主要问题：

一是出口花生价格优势丧失。近年来，国内花生价格不断上涨，中国花生已成为世界上最昂贵的花生。目前，美国花生每吨比我国低400美元，阿根廷花生每吨比我国低200美元。与此同时，国内劳动力成本不断上升，出口企业为节省人工普遍购置色选机、X光机等加工设备挑选花生，大幅增加成本。据了解，青岛、烟台、威海等地出口花生企业每家购买的挑选设备高达几十万元到200万元人民币不等，成本上涨导致出口花生的竞争力明显弱于国外竞争对手，出口订单严重不足。

二是源头质量风险隐患加大。为指导企业原料收购，海关连续多年实施黄曲霉毒素产地普查。调研分析发现，我省花生黄曲霉毒素污染总体呈加重态势，2018年花生黄曲霉毒素污染阳性率（超过欧盟限量标准）达到23.66%，较2012年高出近一半以上。花生黄曲霉毒素污染问题在我省部分产区更加严重，2018年，日照、临沂花生黄曲霉毒素阳性率分别高达45%和60%，出口花生黄曲霉毒素超标风险大增。

三是出口高油酸含量花生种质缺乏。我国出口花生适销品种少，始终以"花育22""海花"系列品种为主，这些花生品种油酸含量低，亚油酸含量高，花生制品容易氧化，导致我国出口花生仍以花生仁、花生果、脱皮花生仁等初级产品为主。而高油酸花生油酸含量高达70%以上，过氧化值指标稳定，产品货架期大幅延长，在国际花生市场更受青睐。部分国外客户要求以高油酸花生作为原料加工出口花生制品，我出口企业只能从美国、阿根廷等国家进口高油酸花生原料。1-5月份，山东省共进口花生7.61万吨。

四是花生进口国技术贸易措施严格。欧盟、日本是我国出口花生的主要市场，2018年出口欧盟花生7.65万吨，出口日本花生6.23万吨。欧盟和日本针对进口花生均设立了严格的技术贸易措施，欧盟对进口花生黄曲霉毒素的限量极为苛刻，规定黄曲霉毒素B1限量为2μg/kg，总量的限量为4μg/kg，远高于世界食品法典委员会（CAC）、美国、澳大利亚、加拿大及东南亚各国的限量。日本对我国出口花生及制品黄曲霉毒素检测实施命令检查，执行100%的抽检比例。我国出口花生频频被欧盟、日本预警通报，据统计，2018年欧盟通报山东出口花生达20批，日本通报山东出口花生11批，导致大量订单被退运，据了解每从欧盟退回1个标准集装箱，我国出口企业将损失5-7万元人民币。

建议：一是加强高油酸花生的研发和种植推广，调整花生出口结构，延长花生加工产业链，提高出口产品附加值。二是提高花生原料黄曲霉毒素质量安全水平，在花生主产区开展花生种植良好农业操作规范（GAP）的宣传与推广工作，指导农民在种植、收获、脱壳、贮藏等环节降低黄曲霉毒素污染。

第四章 输欧农食产品应对技术性贸易措施对策建议

一、加强对外交涉，维护我国企业合法权益

积极主动、有理有据的对外交涉，是妥善解决技术性贸易措施争端、维护国家利益和企业权益最直接和最有效的手段之一。相关政府部门要合理利用国际通行规则，强化事前、事中、事后交涉，下大气力维护我国输欧农食产品企业利益。一是强化事前交涉。充分利用好 WTO 成员在制定没有国际标准或与国际标准有实质性差别的技术法规、标准、评定程序和卫生措施时所提供的不少于 60 天的评议期，组织相关部门、企业及中介组织，对措施草案制定的意图、合法性、合理性以及对我国输欧农食产品的影响等方面进行全方位分析、研究和评估，及时提出异议意见，将不合法、不合理的技术性贸易措施消灭在萌芽状态，为企业消除潜在的出口风险和成本。二是强化事中交涉。充分利用好特别贸易关注这一强有力的交涉手段，依托 WTO/TBT、SPS 委员会会议这一平台，就其他成员正在实施或新制修订的对我国输欧农食产品有不合理影响的法律、法规、标准等措施表达关注，提出质疑，积极取得 WTO 成员的支持和响应，对实施不合理措施的成员施加压力，敦促成员遵守协定，修改或撤销与协定要求不一致的有关措施，推动问题的解决。三是强化事后交涉。对已发生的确属针对性、歧视性，并对我国输欧农食产品造成实质性损失的技术性贸易措施，鼓励支持企业抱团联合，集体向 WTO 申诉，形成行业整体合力，发出自己的声音。相关部门要发挥资源、技术、人才优势，为事后交涉提供对策建议和智力支撑。

二、转变服务理念，提高服务供给质量

当前，技术性贸易措施应对工作的重要性日益凸显。蔬菜及制品出口企业在加强沟通交涉、提升产品竞争力、获取最新信息等方面都有着强烈需求，对信息、技术等方面的需求也在不断深化，这迫切需要政府部门转变服务理念，将技术性贸易措施服务作为帮扶企业的重要内容，积极开展认证认可、咨询服务、技术支持等高附加值的服务，不断强化服务效果。一是加强部门间协同配合。地方政府应积极调动行政资源，组织海关、商务、农业、林业等部门加强沟通，在信息互通、资源共享、措施共用等方面密切合作，同时，吸收重点出口企业、行业协会参加，广泛听取意见建议，构建多元联动的技术性贸易措施工作应对机制，进一步提升自贸谈判、WTO例会、通报评议、影响调查反馈等工作的有效性。二是加强技术指导帮助。有关部门应选取试点产品建立国外标准、法规指南，并将此项工作常态化，逐步完善国外技术性贸易措施数据库；注重问题导向、产品导向和目标市场导向，对国外重点技术性贸易措施进行深入研究解析，为企业提供技术指导和信息、政策服务。三是培育应对技术性贸易措施服务平台。打破政府部门条块分割、各自为政的机制限制，在信息搜集、影响评估、人员培训、技术指导等方面进一步加大人力、财力、物力投入，尤其是强化信息搜集和风险预警，建立多个政府部门共同参与的应对平台与合作机制，进一步提高服务中小企业应对技术性贸易措施的能力，为企业开拓国际市场提供强有力的技术支持和信息服务。

三、积极实施品牌战略，增强产品国际竞争力

品牌是质量的名片，是信誉的凝结，是区域综合竞争力的象征。从国际看，我国虽然是农食产品生产大国，但不是强国，尤其是品牌之弱仍然是制约输欧农食产品的隐忧和短板。目前，我国输欧农食产品存在两多两少，即"原料性产品多、精深加工产品少""贴牌产品多、自主品牌少"，这不仅导致利润率低、市场竞争力弱等问题，而且使我输欧农食产品极易受到技术性贸易壁垒的限制，为国外代工也更容易产生受国外客户制约的弊端。这就要求鼓励引导企业加大品牌建设力度，以更好地适应国际市场需求，增强我国出口蔬菜及制品国际竞争力。建议：一是突出品牌培育。鼓励龙头企业在国内、外进行商标注册，进一步提高输欧农食产品企业自有品牌的比例，努力培育一批自主知识产权品牌企业；对拥有出口自主品牌的输欧农食产品企业，提升企业管理类别，降低抽检比率，在检验监管方面给予便利待遇。二是强化质量管理。质量是品牌的基础，要通过组织领先示范企业评选活动等方式，引导和激励企业提高质量；通过开展质量管理培训和辅导，用科学的管理制度、标准和方法对包括人员、设备、物料、方法、环境和信息等在内的各生产要素进行有效的计划、组织、协调、控制和检测。通过强化对

企业质量跟踪及监测能力，提升输欧农食产品质量。三是放大集聚优势。依托输欧农食产品质量安全示范区，申请国家地理标志认证，打造一批地域品牌，形成具有地方区域特色的输欧农食产业带和出口品牌，壮大出口集群规模，增强国际竞争力。

四、推进质量安全示范区建设，提升整体质量水平

实践证明，推行质量安全示范区建设是提升产品质量安全，提振客户及消费者对中国制造信心，有效打破国外技术壁垒的有效手段。通过更好地发挥政府职能，强化政策引导，培育经营主体，健全治理体系，加强技术保障，为输欧农食产品质量安全奠定基础、净化环境。建议各有关职能部门有机融合中央对食品农产品质量安全管理的新思维、新理念、新举措，继续深入推广输欧农食产品质量安全示范区建设的做法和经验，紧紧依靠各级地方政府，着眼于合纵连横、建章立制、规范操作，积极推进创建农食产品质量安全示范区。一是提升建设标准。通过加强规划引导，完善管理机制，落实地方政府的责任，强化监管部门的合力，实现线上和面上的整体推进，不断丰富示范区建设的科学内涵，进一步完善符合现代农食产品产业发展规律和未来趋势的农食产品质量安全公共管理体系。二要创新监管模式。进一步认清输欧农食产品面临的国际形势，分析农食产品出口的市场结构，聚焦示范区建设工作中出现的新情况、新问题，推动农食产品生产和监管模式逐步与国际接轨，在风险分析的基础上，通过实施分类管理，采取差异化监管方式，实现该管住的要严控、从严管理，该放开要快放、实施快速验放机制，真正达到降低企业通关成本、促进贸易便利化的目的，更好地扩大农食产品出口和服务外贸稳定增长。三是增强企业管理意识。要通过宣传教育，使企业牢固树立"质量安全第一责任人"意识，落实质量安全的主体责任，建立健全质量管理体系，严格进行质量控制和质量检验，避免抱侥幸心理铤而走险。要加快培育精深加工能力强、规模集约化水平高的出口龙头企业、种养殖专业合作社等，坚持瞄准全产业链，提高产品知名度和附加值，持续激发示范区的整体带动效益，实现更深层次的质量提升。